Matthias Schneid

Die philosophische Lehre von Zeit und Raum

editiones scholasticae
Band 38

Matthias Schneid

Die philosophische Lehre von Zeit und Raum

Bibliographic information published by Deutsche Nationalbibliothek
he Deutsche Nationalbibliothek lists this publication in the Deutsche Nationalbibliographie
detailed bibliographic data is available in the Internet at http://dnb.ddb.de

Vollständig überarbeitete Ausgabe der ersten Auflage
Mainz, Verlag von Franz Kirchheim.
1886

Postfach 15 41, D-63133 Heusenstamm
www.editiones-scholasticae.de

Inhaltsverzeichnis

Vorwort
Einleitung

Erster Abschnitt

Die Lehre von der Zeit

I. Die verschiedenen Ansichten über die Zeit 9
II. Von der Dauer und ihren Arten 15
III. Zeitliche Dauer 18
IV. Ursprung des Begriffs Zeit 23
V. Die objektive Realität von Zeit 26
VI. Die Zeit als Kategorie des Seins 31
VII. Die äußere Zeit 35
VIII. Ideelle, imaginäre, absolute Zeit 39
IX. Die äviterne Dauer 42

Zweiter Abschnitt

Die Lehre vom Raum

I. Die verschiedenen Raumtheorien 50
II. Der Raum ist keine für sich bestehende Realität 62
III. Der leere Raum oder das Vakuum 65
IV. Der Raum von mehr als drei Dimensionen 72
V. Der Raum ist nicht lediglich ein subjektives Gebilde unserer Vorstellungskraft 76
VI. Der Raum ist mit der Ausdehnung nicht identisch 83
VII. Der innere Raum und der Raum als Kategorie des Seins 86
VIII. Die Compenetration und Reduplikation der Körper im Raum 92
IX. Die Räumlichkeit der geistigen Substanz 100
X. Ursprung des Raumbegriffs 108

Vorwort

Seit Jahren erklärt der Verfasser dieser Abhandlung in der Metaphysik die Kategorien des Aristoteles. Unter allen Kategorien machte ihm die Entwicklung der beiden Begriffe von „Zeit“ und „Raum“ die meiste Schwierigkeit. Dies veranlasste ihn, die diesbezügliche Lehre zunächst für seine Zuhörer in etwas erweiterter Form zusammenzustellen und zu veröffentlichen. Diese Rücksichtnahme auf seine Schüler ist der Grund, warum viele der gerade in dieser Lehre zahlreichen Kontroversen übergangen, andere nur angedeutet wurden, wie auch der Grund dafür, dass die modernen naturwissenschaftlichen Theorien nicht noch einlässlichere Berücksichtigung gefunden haben. Gleichwohl glaubt derselbe, dass diese Zusammenstellung und Kritik an den neueren und neuesten Zeit- und Raum-Theorien auch für Fachmänner nicht ohne alles Interesse sein dürfte.

Eichstätt, am Fest des hl. Michael 1885.

Der Verfasser

Einleitung

Schon Aristoteles bezeichnet den Begriff „Zeit“ als einen schwierigen und hält es für noch schwieriger, ihn distinkt zu machen. Der hl. Augustin tut dasselbe, wenn er die Worte schreibt: Quid est tempus? Quis hoc facile breviterque explicaverit? Quis hoc ad verbum de illo proferendum vel cogitatione comprehenderit? Quid autem familiarius et notius in loquendo commemoramus, quam tempus? Et intelligimus utique, cum id loquimur, intelligimus etiam, cum, alio loquente, id audimus. Quid est ergo tempus? Si nemo ex me quaerat, sico; si quaerenti explicare velim, nescio.[1] Die verschiedenen Auffassungen der Philosophie in den folgenden Jahrhunderten haben diese Schwierigkeiten nicht nur nicht gehoben, sondern noch mehr gesteigert, und so muss der verdiente Trendelenburg in unseren Tagen ausrufen: „Die Zeit, die sich selbst gebiert und selbst verzehrt, die sich setzt und zugleich wieder aufhebt, ist ein Wesen, das vor seinem eigenen Dasein gespenstisch flieht; denn die Gegenwart steht nicht und die Vergangenheit ist nicht mehr und die Zukunft ist noch nicht da. Wie soll die Reflexion dies Wesen erfassen, das an sein eigenes Dasein nicht glaubt?“[2]

Dass die Zeit, dieses flüchtige Wesen mit seinem schattenhaften Dasein, schwer zu fassen ist, dürfte unschwer einleuchten; aber wer sollte vermuten, dass es sich mit dem Raum, diesem Ruhenden und Bleibenden, nicht besser verhält? Manche wollen sogar im Raum noch mehr Schwierigkeiten finden, als im Begriff „Zeit“. „Der Raum“, sagt Balmes, „dies ist eines der tiefsten Geheimnisse, welche auf dem natürlichen Gebiet sich dem schwachen Verstand des Menschen darbieten. Je mehr man sich in dasselbe vertieft, umso dunkler findet man es.“[3] Und Trendelenburg hören wir auch hier wieder klagen: „Der Raum, dies ruhende Wesen, soll unendlich sein, und zwar nach den entgegengesetzten Richtungen hin, unendlich ausgedehnt und unendlich teilbar. Ein solches Wesen fasst kein Gedanke; es ist wie ein Ungeheuer, das weder die tiefsinnigen kosmogonischen Mythen bändigten, noch die verständig überlegende Metaphysik des vorigen Jahrhunderts zähmte.“[4]

1 Confess. 1. XI. c. 14.

2 Logische Untersuchungen. 3. Aufl. I. Bd. S. 157.

3 Fundamente der Philosophie. Übersetzt von Lorinser. Bd. II. S. 136.

4 Logische Untersuchungen. Ebenda.

Auf solche Weise bilden die Begriffe von Zeit und Raum in alter und neuer Zeit das Kreuz der Philosophie. Es ist wohl zulässig, manche schwierige Frage zu umgehen oder beiseite liegen zu lassen, allein bezüglich der Schwierigkeiten von Zeit und Raum geht dies nicht an. Beide sind ja jene Kategorien des Seins, in welchen alles irdische Geschehen verläuft, jene Bestimmungen des Universums, durch die alles gemessen und begrenzt ist. Das mehr oder minder richtige Verständnis dieser beiden Grundbegriffe muss sich deshalb für jedes philosophische System in tiefgreifender Weise geltend machen. Selbst weit über die Grenzen der Philosophie hinaus erstreckt sich dieser Einfluss, weil ganze Gebiete der Mathematik und Naturwissenschaft auf diesen Begriffen sich aufbauen. Deshalb haben die Denker aller Jahrhunderte sich immer wieder aufs Neue an die Lösung dieser beiden Probleme gewagt und durch die vielen missglückten Versuche sich nicht entmutigen lassen, endlich der Schwierigkeiten Meister zu werden.

Wenn wir es unternehmen, ebenfalls über diese beiden Probleme zu schreiben, so haben wir keineswegs die Absicht, die vielen Schwierigkeiten derselben zu heben oder gar die Frage, was Zeit und Raum sei, zu lösen; dazu sind wir zu unvermögend. Wir wollen nur auch in dieser Frage auf die Lehre der alten Denker hinweisen. Wir glauben nämlich, dass die Schwierigkeiten bezüglich dieser beiden Begriffe in unseren Tagen nicht so viele und nicht so große wären, wenn man den Pfaden nachgegangen wäre, welche die großen Denker des Heidentums angebahnt und die mittelalterlichen Lehrer weitergeführt haben. Nach unserer Ansicht ist gerade in diesen Fragen die mittelalterliche und neuere Scholastik um ein Erhebliches über Aristoteles hinausgekommen. Zu diesem Zweck wollen wir neben die heutigen Anschauungen die der alten Schule stellen, auf dass sich die gegenseitigen Ansichten selber abwägen und so die richtige zu Tage tritt.

Damit wir aber nicht schon bei Beginn unserer Untersuchung in einen Irrtum der neuzeitlichen Philosophie geraten, werden wir die beiden Begriffe nicht zusammen, sondern getrennt behandeln. Viele Denker unserer Tage bringen nämlich Zeit und Raum in die innigste Beziehung und glauben, dass der eine Begriff ohne den andern gar nicht distinkt gemacht werden kann; namentlich soll der Begriff Zeit den des Raumes zur Voraussetzung haben, weshalb viele auch den Raum vor der Zeit behandeln, Herbart und Lotze z. B. glauben, die Zeitvorstellung „gewinne ihren intuitiven Charakter nur durch Bilder, die wir vom Raum entlehnen“. In noch engere Beziehung bringt Trendelenburg die beiden Begriffe. Ihm ist „die Bewegung die gemeinsame Quelle von Raum und Zeit“; sie bilden nur zwei Arten der Kategorie Bewegung. Der

Raum ist „das äußere Erzeugnis der Bewegung, die Zeit die Vorstellung des inneren Maßes der Bewegung“.[5]

Es wird sich zeigen, dass Zeit und Raum wohl in manchem übereinkommen, aber nichtsdestoweniger zwei verschiedene Gattungen des Seins konstituieren, die nicht in einer höheren Gattung, etwa der Bewegung, zusammengehen. Die Natur der Zeit ist eine andere, als die des Raumes, und diese beiderseitige verschiedene Natur wird nur eine getrennte Behandlung ins rechte Licht treten lassen.

---

5 D. c. W. I. Bd. S. 168 u. 215 ff.

Erster Abschnitt

Die Lehre von der Zeit

Erstes Kapitel

Die verschiedenen Ansichten über die Zeit

Die verschiedenen Ansichten über die Zeit können wir in drei Klassen bringen. Die erste derselben hält die Zeit für etwas Reales, jedoch von den Dingen Verschiedenes. Die Zeit soll ein kontinuierlicher Strom sein, in dem die Dinge auftauchen und untergehen; ein beständig dahin fließendes Sein, das allem Bestand gibt und außer welchem nichts existieren kann. Die Anhänger dieser Richtung bezeichnen deshalb die Zeit als etwas Absolutes, Ewiges, Notwendiges und Unendliches. Um von den alten Atomisten zu schweigen, gehören hierher Gassendi, der in seiner Physik die Zeit als eine absolute, jedoch von Gott distinkte Realität bezeichnet. Die Zeit ist nach ihm ein Sein ganz eigener Art, das zur Existenz der Körper notwendig ist, weil alle Körper nur in ihr Dauer und Bestand haben. Außer Newton muss auch Clarke, der Fortbilder der Newton'schen Lehren, unter diese Klasse subsumiert werden, der unzweideutig lehrt, dass die Zeit ein Attribut Gottes und mit dessen Ewigkeit identisch sei.

Die gleichen Prädikate legt der neuere Pantheismus der Zeit bei; ihm ist die Zeit die unendliche Substanz selber, insofern sie in ihren Wandlungen erfasst wird. „Jene endlos sich aufhebenden Jetzt", schreibt J. H. Fichte, „die eben den Widerspruch im Begriff erzeugten, sind nichts an sich; sie sind nur die unendlich teil- oder unterscheidbaren Momente des Verharrens der absoluten Wirklichkeit, die jenen dadurch erst innere Fülle und Anhalt verleiht. Die Ewigkeit, die absolut dauernde (ruhende) Gegenwart des lebendigen Seins, schafft die Zeit, an seinen unendlichen Wandlungen ihr ein Maß und eine Unterscheidung gebend ... Beide also, der Raum, wie die Dauer ... sind nur Ausdruck der Wirklichkeit des unendlichen Seins oder Lebens; beide, als solche selbst unendliche, unbegrenzbare, weil, was du als intensiv und extensiv begrenzt oder endlich anschaust, du danach — also in ihnen — missest."[6] Mit noch weniger verständlichen, aber im gleichen Geist sich bewegenden Worten definiert Hegel die Zeit. In seiner Enzyklopädie[7] heißt es: „Die Negativität, die sich als Punkt auf den Raum bezieht und in ihm ihre Bestimmungen als Linie und Fläche entwickelt, ist in der Sphäre des Außersichseins ebenso wohl für sich und als gleichgiltig gegen das ruhige Nebeneinander erscheinend. So für sich gesetzt ist sie die Zeit. Die Zeit, als die negative Einheit des Außersichseins, ist gleichfalls ein schlechthin Abstraktes, Ideelles. Sie ist das Sein, das, indem es ist, nicht ist, und indem es nicht ist, ist; das, aber angeschaute, Werden, d. i. dass die zwar schlechthin momentanen, d. i. unmittelbar sich aufhebenden Unterschiede als äußerliche, d. i. jedoch sich selbst äußerliche, bestimmt sind." Wer fasst solch' monströses Wesen, das als „Negativität des Außersichseins" gleichwohl „für sich" besteht, das nichts ist und doch alles ist?

Solch' ungeheuerliche Gedankengebilde mussten notwendig zum vollen Gegensatz treiben, der die Zeit für nichts Reales hält. Zeit und Raum sind lediglich Produkte des menschlichen Geistes, die a priori in demselben vorhanden sind. Um auch hier die älteren Ansichten[8] zu übergehen, führen wir nur den Hauptvertreter in der neueren Zeit an, nämlich Kant. Nach ihm gehört die Zeit zur sinnlichen Wahrnehmung, und zwar zur inneren sinnlichen Wahrnehmung oder inneren sinnlichen Anschauung, d. h. zu jener sinnlichen Erkenntnis, wodurch wir das erkennen, was in uns selber vor sich geht. Da die diesbezüglichen Stellen schon bekannt sind, führen wir aus seiner Kritik nur die folgende an: „Die Zeit ist eine notwendige Vorstellung, die allen Anschauungen zu Grunde liegt. Man kann in Ansehung der Erscheinungen überhaupt die Zeit selbst nicht aufheben, ob man zwar ganz wohl die Erscheinungen aus der Zeit wegnehmen kann. Die Zeit ist also a priori gegeben. In ihr allein ist alle Wirklichkeit der Erscheinungen möglich. Diese können insgesamt wegfallen, aber sie selbst kann nicht aufgehoben werden."[9]

Von dieser Auffassung hat sich der Idealismus, soweit er nicht in den Pantheismus übergegangen ist, bis zur Stunde nicht losgerungen, so sehr er in vielen anderen Lehren die Farbe gewechselt hat. Selbst solche, die, wie z. B.

---

6 Beiträge zur Charakteristik der neueren Philosophie. Sulzbach 1841. 2. Aufl. S. 203.

7 § 254 u. 258.

8 Dem Cartesius z.B. ist die Zeit nichts anderes, als eine ursprüngliche Idee, durch die wir die Dinge als im Sein beharrend auffassen. Princip. philos. I. n. 55.

9 Kritik der reinen Vernunft. I. Bd. S. 55 (Ausgabe 1795).

Ueberweg, von den Kant'schen „Formen" und „Anschauungen" nichts wissen wollen und deshalb „eine Übertragung einer bloß in uns psychisch-realen ‚Anschauungsform' der Zeit auf die äußere Realität" für unberechtigt halten, können sich doch zu keiner anderen Realität von Zeit erschwingen, als der, dass wir aus der subjektiven Vorstellung von Zeit auf ein analoges Nacheinander der äußeren Dinge schließen dürfen. Dabei bleibt nur die ausschlaggebende Frage unbeantwortet, woher wir denn wissen, dass sich „in der inneren Wahrnehmung die eigene zeitliche Ordnung der realen Objekte abspiegelt."[10]

Wie wahr diese Gedanken sind, beweist uns augenfällig Professor Baumann, der in einem zweibändigen Werk[11] die Lehren der neueren Philosophie über Zeit und Raum sammelte, zu korrigieren und daran seine eigene Ansicht zu begründen suchte. Derselbe vermag trotz aller seiner Bemühung weder aus der äußeren, noch aus der inneren Erfahrung die Zeitvorstellung zu gewinnen; denn beide bieten nur eine Aufeinanderfolge von äußeren oder inneren Phänomenen; eine Aufeinanderfolge ist aber noch nicht Zeit. Der Begriff Zeit setzt nach ihm wesentlich den von etwas Bleibendem, i. e. den Begriff der Dauer voraus. Dieses Dauernde in uns ist nichts anderes, als unser Ich, der Ichgedanke. Zeit im psychologischen Sinn entsteht demnach nur durch die Beziehung der aufeinanderfolgenden Vorstellungen auf das bleibende Ich. Selbstverständlich ist eine solche Zeitvorstellung nicht objektiv real; sie ist lediglich etwas Subjektives. „Diese psychologische Zeit ist wiederum insofern Anschauung, als sie bloß durch inneres Erleben, dadurch, dass man sie in sich hat und kennt, gewusst werden kann."[12] Baumann verwirft zwar, ähnlich wie Herbart, die Kant'sche Lehre, als ob die Zeit im Sinn einer „reinen Anschauung" fertig in uns vorhanden sei, aber gleichwohl bleibt ihm die Zeit ein lediglich subjektives Gebilde, das sich durch die Beziehung des Ich auf die anderen Vorstellungen erzeugt.

Der neuere Empirismus hat allerdings damit begonnen, dass er alle Begriffe und darum auch den von der Zeit lediglich aus der sinnlichen Erfahrung durch Sinnestätigkeit gewinnen lassen will. Bekanntlich entsteht nach Locke, dem Vater dieses Empirismus, der Begriff Dauer dadurch, dass der Verstand den „Zug von Vorstellungen, die sich ohne Unterlass einander, so lange er

10 Ueberweg, System der Logik. 4. Aufl. S. 85.

11 Die Lehren von Raum, Zeit und Mathematik in der neueren Philosophie nach ihrem ganzen Einfluss dargestellt von Dr. J. J. Baumann. Berlin 1868 u. 1869.

12 D. c. W. II. Bd. S. 661.

wach ist, folgen“, beobachtet. Die Zeit selber ist dann nichts anderes, als das Maß der Dauer; Zeit ist die gemessene Dauer.[13] Außerhalb unserer Vorstellungen gibt es keine Zeit; in der Außenwelt ist die Zeit nicht real. Aber wer sieht nicht, dass eine solche Auffassung, welche der Zeit nur eine psychologische Existenz zuteilt, dem Idealismus bereits Tür und Tor öffnet? Wundern darf es uns nicht, wenn Berkeley auf diesem Weg rasch zum vollen Idealismus gelangte und die Zeit von der Ideenwelt nicht mehr zu trennen vermochte. Dasselbe finden wir bei dem von Berkeley beeinflußten skeptischen Empiriker Hume. Der heutige Empirismus, wie z. B. der eines Stuart Mill und Herbert Spencer, lässt zwar auch die Vorstellungen von Zeit und Raum aus der Sinneserfahrung in der Art hervorgehen, dass die Zeit die Generalisation all jener Erfahrungen ist, in denen wir eine Aufeinanderfolge erkennen, und der Raum die Verallgemeinerung jener, in denen wir ein Nebeneinander wahrnehmen. Allein je mehr dieser Empirismus alle Sinnestätigkeit lediglich auf Bewegungszustände, auf Atom- oder Ätherschwingung zurückzuführen sucht, desto mehr sieht er sich gezwungen, im Menschen angeborene oder bei bestimmten Sinnesreizen neu entstehende Formen oder Vorstellungen anzuerkennen, wodurch die molekulare Bewegung der Hirnsubstanz zur Empfindung oder zum Gedanken umgebildet wird. Wie Licht, Farbe, Ton und alle anderen Sinnesqualitäten nur unsere Empfindungen sind, so sind auch Zeit und Raum Vorstellungen, denen außer uns nichts, als das Einerlei von „Bewegung“ entspricht. Dies ist der Sinn des in unseren Tagen oft gehörten Rufes: „Auf Kant zurück!“ und der jetzt so fleißig kultivierten Versöhnung zwischen Philosophie und Naturwissenschaft. Zum Beleg führen wir die Lehre eines ebenso hervorragenden Denkers als Naturforschers an, die Lehre des Physiologen Wundt.

Derselbe bestimmt im Anschluss an die soeben ausgeführten Gedanken die Zeit folgendermaßen: „Die Zeit ist nicht ein bestimmter Inhalt des Bewusstseins, der unabhängig von anderen Zuständen des Letzteren zu denken wäre, sondern sie besteht wesentlich in einer Ordnung aller unserer Vorstellungen; sie ist also nicht sowohl selbst eine Vorstellung, als vielmehr eine Form, in der sich alle Vorstellungen unserer inneren Wahrnehmung darbieten ... Ganz passend bezeichnet darum Kant die Zeit als eine Anschauungsform: sie ist in der Tat die Form, welche die Verbindung aller unserer inneren Anschauungen umfasst. Aber nicht berechtigt ist es, wenn er ihr die begriffliche Natur ab-

13 Vgl. „Über den menschlichen Verstand“ II. Buch. 14. Kap. § 3, 4, 17 u. 18.

spricht."[14] Nach solcher Übereinstimmung mit Kant kann er allerdings „die Frage nach der objektiven Natur der Zeit" nicht anders beantworten, als durch die Behauptung: „Wir werden notwendig voraussetzen müssen, dass die Zeit eine Form unseres Vorstellens ist, die als solche keine objektive Wirklichkeit hat, dass aber in den Objekten Bedingungen der Zeitvorstellung gegeben sind, und diese werden denn als das Wirkliche, das dieser Vorstellung zu Grunde liegt, oder als die objektive Zeit anzuerkennen sein." Als solche Bedingungen, welche uns den Begriff Zeit auf die Außenwelt zu übertragen gestatten, führt er die Konstanz und das Veränderliche an, welche wir an den Dingen wahrnehmen. Die Worte Wundt's bedürfen keines Kommentars; sie lehren klar und verständlich, was wir schon wiederholt bemerkt haben: Der heutige Empirismus ist Idealismus unter dem Schein der Empirie.

Zwischen diesen beiden Extremen, nach welchen die Zeit entweder alles oder nichts ist, steht die Auffassung der dritten Klasse in der Mitte, nach welcher die Zeit, wie der Raum, eine Eigenschaft der Dinge bildet und an den Dingen etwas Reales ist. Die Anhänger dieser Richtung kommen alle darin überein, dass die Zeit in der Veränderung und succedierenden Bewegung der Dinge wurzle. Sie weichen jedoch sofort wieder voneinander ab, wenn es gilt zu bestimmen, wie aus der Bewegung die Zeit hervorgeht. Die einen identifizieren die Zeit vollständig mit der Bewegung und sagen, dass sich Zeit und Bewegung weder sachlich noch begrifflich, sondern nur dem Namen nach unterscheiden. Plato spricht zuerst diese Ansicht in seinem Timäus aus; ihm ist Zeit die uniforme Bewegung der Himmelskörper. Im Mittelalter huldigen Nominalisten dieser Auffassung mit der Modifikation, dass die Bewegung überhaupt, nicht bloß die Bewegung der Himmelskörper, die Zeit erzeuge. Bonaventura[15], Skotus, Durandus, Toletus und andere in alter und neuer Zeit identifizieren zwar die Zeit nicht mit der Bewegung, allein sie glauben, dass die Zeit auch ohne die denkende Seele etwas Reales an den Dingen sei; sie sei nämlich etwas Reales an der Bewegung, eine passio motus. Dadurch fällt nach ihnen etwas in die Zeit, dass es eine reale Veränderung erleidet.[16]

Die anderen lassen wohl auch die Zeit aus der Bewegung hervorgehen, jedoch mit dem Unterschied, dass die Teile der Bewegung an sich nicht Teile

---

14 Logik. Eine Untersuchung der Prinzipien der Erkenntnis und der Methoden wissenschaftlicher Forschung. Stuttgart 1880. I. Bd. S. 433 u. 435.

15 Tempus est dispositio rei extra, non fictio animae. In II. S. dist. II. p. I. a. 1. qu. 2.

16 In etwas anderer Weise hält Maimonides die Zeit für etwas Reales; sie ist ihm ein Akzidens an dem Akzidens der Bewegung. Vgl. More Nebuchim, 1. II. c. 13.

der Zeit geben, sondern dass zur Bewegung wesentlich die Reflexion des Verstandes hinzukommen muss, der in der Bewegung ein Prius und Posterius unterscheidet und die Teile der Bewegung zusammenfasst, sie zählt. Dies ist die Ansicht des Aristoteles, der demnach die Zeit definiert als „numerus motus secundum prius et posterius“. Ihm folgte der hl. Augustin, Alb. Magnus, Thomas und viele andere Scholastiker in alter und neuer Zeit, in deren Händen die aristotelische Lehre vertieft und weiter entwickelt wurde, wie wir noch sehen werden. Auch Balmes muss hierher gezählt werden; wenigstens scheint sein Zeitbegriff sich leicht mit dem des Stagiriten vereinen zu lassen. Allein gerade darin, dass Aristoteles in dem „zählenden Verstand“ das Formale der Zeit findet, soll nach anderen der Irrtum seiner Definition liegen. Würde nur dort Zeit sein, wo die Bewegung und ihre aufeinander folgenden Teile ins Bewusstsein fallen, dann würde es z. B. im Schlaf keine Zeit geben, was offenbar falsch ist. Diese und andere Bedenken erhebt neuestens De San wider die aristotelische Lehre. Wir übergehen sie jedoch vorläufig, um noch die Auffassung des Leibniz zu berühren, den man gewöhnlich als der aristotelischen Lehre nahestehend bezeichnet.

Leibniz bestimmt die Zeit allerdings als eine Ordnung der Dinge der aufeinander folgenden Dinge oder auch als eine Ordnung in den Veränderungen[17], und es könnte scheinen, als sei die Zeit real in den Dingen. Allein es ist nicht mehr als bloßer Schein, denn die Monaden, welche den Körper konstituieren, sind unausgedehnte Substanzen, welche keine transeunte Tätigkeit haben und darum auch keine wahre, sondern nur eine phänomenale Ausdehnung und phänomenale Sukzession erzeugen können. Der Geist ist es deshalb, der in diese scheinbare Aufeinanderfolge Ordnung bringt, in dem er die ursprüngliche Zeitvorstellung auf sie überträgt. An einer anderen Stelle gibt Leibniz darüber unzweifelhaft Aufschluss, wenn er die Ausdehnung als „die Ordnung der möglichen Koexistenzen“ und die Zeit als „die Ordnung der inkonstanten Möglichkeiten“[18] bezeichnet. Leibniz ist deshalb auch hierin seinem Idealismus nicht ungetreu geworden.

17 C‘est come le temps, qui ne présente à l‘esprit qu‘un ordre dans les changemens. Opp. omm. ed. Erdmann, pars I. p. 153.

18 Op. cit. ibid. p. 189.

Zweites Kapitel

Von der Dauer und ihren Arten

Baumann geht in seiner Bestimmung des Begriffs Zeit mit Recht von etwas Bleibendem aus und schließt sich „wieder der alten Vorstellung an, welche die Dauer der Zeit überordnete.“ Denn das Erste, was wir in der Zeit finden, ist die Dauer. In all den Veränderungen und Wechselfällen, welche die zeitlichen Dinge durchmachen, bleibt doch eines unberührt — ihr Sein oder ihre Existenz; sie verharren in ihrer Existenz. Dauer können wir deshalb, ohne Widerspruch zu erfahren, definieren als „fortgesetztes Dasein — permanentia in essendo“.[19] Was demnach sein Sein nicht fortsetzt, sondern nur einen Augenblick existiert, das hat keine Dauer. Der Moment, der Augenblick (instans temporis) ist keine Dauer; er ist, ähnlich wie der Punkt an der Linie, Anfang oder Ende der Dauer oder die Verknüpfung ihrer Teile.

Ist die Dauer nichts anderes, als die Kontinuation der Existenz, so ergibt sich von selbst, dass sie nicht zur Wesenheit und Natur der Dinge gehört, sondern zur Existenz derselben. Etwas anderes ist die Sache und etwas anderes die Dauer derselben. Es fehlt allerdings nicht an solchen, welche sagen: Die Dauer ist von der Wesenheit und Natur des dauernden Subjektes nicht real verschieden und folglich selber nichts Reales.[20] Allein wer solches sagt, der muss auch die reale Identität von Sein und Dauer behaupten. Wer aber wollte behaupten, dass z. B. die Pflanze identisch ist mit ihrer Dauer oder dass die Pflanze ihre Dauer ist. Wir nennen identisch den Menschen und das animal rationale, weil das Sein beider nicht verschieden ist, aber wir unterscheiden real zwischen dem Menschen und seiner Gesundheit oder seiner Weisheit, weil die Gesundheit etwas anderes ist, als der Mensch. In gleicher Weise ist die Dauer etwas anderes, als das Sein, denn wie der einzelne Teil der Dauer von jedem andern, sei er vorausgehend oder folgend, real verschieden ist, so sind auch alle Teile, i. e. die ganze Zeitdauer vom Sein des Dinges verschieden. Dieser Unterschied muss umso mehr als real bezeichnet werden, als es

---

19 Duratio omnis attenditur, secundum quod aliquid est in actu: tamdiu enim res durare dicitur, quamdiu in actu est et nondum est in potentia. S. Th. in I. Sent. dist. 19. 19 qu. 2. a. 1.

20 Z. B. Suarez, der, den realen Unterschied zwischen Wesenheit und Existenz leugnend, selbstverständlich auch die Dauer von der Wesenheit nicht real distinkt sein lassen kann. Vgl. Disp. Met. I. qu. 50. s. 1.

dem Sein ganz gleichgültig ist, ob es länger oder kürzer dauert. Petrus ist dasselbe Sein, ob er einen Tag lebt oder hundert Jahre.

Gehört die Dauer zum Sein, oder zur Existenz des Wesens, so folgt weiter, dass sie vom Sein der Dinge nicht real verschieden ist, da ja das Dasein die Dauer begründet. Einige behaupten wohl, dass die Dauer zur Existenz etwas Positives hinzufüge. Bannez z. B. glaubt, dass die Dauer für das Sein etwas Zufälliges sei, da das existierende Wesen jeden Augenblick aufhören könne. Die Fortdauer füge demnach etwas Positives hinzu. Joh. a St. Thoma[21] will nur für die sukzessiv dauernden Wesen einen realen Unterschied zwischen Dauer und Existenz anerkennen, da nur bei diesen in Folge der Dauer die Existenz einen realen Zuwachs erfährt. Ohne uns in diese Kontroverse tiefer einzulassen, halten wir fest, dass Dauer und Existenz nicht real verschieden sind. Auch bei den in sukzessiver Veränderung dauernden Wesen fügt die Dauer zur Existenz nichts Neues hinzu, weil diese Wesen nicht im ersten Moment des Daseins die ganze Existenz besitzen, sondern nach und nach dieselbe vollenden; der letzte Moment ihrer Existenz fällt auch mit dem letzten ihrer Dauer zusammen und ihre ganze Existenz ist gleich ihrer Dauer.

Dem Gesagten zufolge gelangt der Verstand zum Begriff Dauer durch Abstraktion aus der Sinnenwelt. Indem er erkennt, dass die körperlichen Dinge trotz all der fortwährenden Veränderungen im Sein verbleiben, kommt er, lediglich dieses Verharren im Sein denkend, zum Begriff von Dauer. Und eben deswegen, weil dieser abstrakte Begriff von allem anderen absieht, was sonst an den körperlichen Dingen ist, und nur das Beharren im Sein einschließt, ist er auch nicht auf die körperliche Dauer allein eingeschränkt, sondern wir können ihn auf jedes Sein anwenden, an welchem wir eine Fortdauer des Daseins erkennen. Es wird demnach so viele Arten von Dauer geben, als die Dinge im Sein beharren. In dieser Beziehung unterscheidet man drei Arten von Dauer. Jenes Sein, das ganz und gar unveränderlich dauert, gibt die Ewigkeit, während das ganz und gar veränderliche Sein die zeitliche Dauer oder die Zeit konstituiert. In der Mitte liegt jenes Sein, das nach einer Seite unveränderlich und nach einer andern Seite veränderlich ist — äviterne Dauer.

Ewig dauert jenes Sein, das ganz und gar unveränderlich ist und darum Anfang und Ende und allen Wechsel ausschließt. Ein solches Sein besitzt unteilbar alles zumal und in vollkommener Weise, weshalb Boëthius die Ewigkeit treffend definiert mit den Worten: Interminabilis vitae tota simul et perfecta possessio. Das Wort „interminabilis“ schließt Anfang und Ende, i. e.

21 Curs. philos. t. II. q. 18. a. 1.

alle Grenzen und der Zusatz „tota simul et perfecta possessio" jede Sukzession und Entwicklung aus.

Jenes Sein dagegen, das sich ändert und nicht bloß bezüglich seiner Tätigkeit, sondern auch bezüglich seiner Wesenheit, die entsteht und vergeht, hat eine zeitliche Dauer. Ein solches Sein dauert nicht ungeteilt, sondern seine Dauer setzt sich aus kontinuierlich aufeinander folgenden Momenten zusammen: es hat und ist nicht alles zumal, was es sein und haben kann, sondern wird es und empfängt es in aufeinander folgenden Momenten.

Zwischen Zeit und Ewigkeit liegt eine dritte Dauer, das Aevum. Aevitern sind jene Wesen, die im Sein unveränderlich bleiben und nur in ihrer Tätigkeit sich ändern. Diese Änderung verläuft jedoch nicht in einer kontinuierlichen Sukzession, sondern in einer diskreten.[22]

Ehe wir daran gehen, den Begriff Zeit weiter zu verfolgen, bemerken wir nur noch, dass der Begriff „ewig" auch oft im uneigentlichen Sinn sowohl für die äviternen, als zeitlichen Wesen gebraucht wird. Man nennt ewig jene Substanzen, die zwar anfangen, aber nicht mehr aufhören in ihrer Existenz, wie z. B. die Engel, die Menschenseele; ebenso gebraucht man den Ausdruck „ewig" für die Sukzession körperlicher Dinge, die anfangs- und endelos sein soll oder, wenn sie angefangen hat, ohne Ende fortläuft. In diesem Sinn stellt man die Frage von der Ewigkeit der Welt oder einer ewigen Schöpfung. In diesem letzteren Sinn entfernt sich der Terminus „ewig" selbstverständlich am meisten von der eigentlichen Bedeutung.

22 In seiner ganzen Tiefe begründet der englische Lehrer diese dreifache Dauer mit den Worten: Esse in actu contingit dupliciter. Aut secundum hoc, quod actus ille est incompletus et potentiae permixtus, ratione cujus ulterius in actum procedit, et talis actus est motus; est enim motus actus existentis in potentia secundum quod huiusmodi, ut dicit Philosophus. Aut secundum quod actus non est permixtus potentiae, nec additionem recipiens perfectionis, et talis actus est actus quietus et permanens. Esse autem in tali actu contingit dupliciter. Vel ita quod ipsum esse actu, quod res habet, sit sibi acquisitum ab alio; et tunc res habens tale esse est potentialis respectu hujus actus, quem tamen perfectum accepit. Vel esse actu res rei ex seipsa, ita quod est de ratione quidditatis suae, et tale esse est esse divinum, in quo non est aliqua potentialitas respectu hujus actus. Sic igitur patet, quod est triplex actus. Quidam cui non substernitur aliqua potentia, et tale est esse divinum et operatio ejus et huic respondet loco mensurae aeternitas. Est alius actus, cui substat potentia quaedam; sed tamen est actus completus acquisitus in potentia illa, et huic respondet aevum. Est autem alius, cui substernitur potentia ad actum completum secundum successionem, additionem perfectionis recipiens, et huic respondet tempus. In I. Sent. dist. 19. qu. 2. a. 1 – Vgl. S. Th. s. th. I. qu. 10. a. 5 und Opusc. de tempore c. 4.

Drittes Kapitel

Zeitliche Dauer

Schließt der Begriff Zeit wesentlich jene Veränderung ein, die in der kontinuierlichen Sukzession besteht, so ist er unzertrennlich von der Bewegung — motus, denn die sukzessive Veränderung ist ohne Bewegung nicht denkbar, ja sie ist die Bewegung selber. Um den Begriff Zeit zu verstehen, müssen wir uns deshalb zuvor den der Bewegung distinkt machen.

In unübertrefflicher Weise hat Aristoteles die Bewegung definiert als „actus entis in potentia quatenus in potentia". Dasjenige, das sich bewegt, ist nach der einen Seite Akt, nach der anderen Potenz. Es ist Akt, insofern es den Zustand der Ruhe oder der Möglichkeit der Bewegung verlassen hat, und es ist noch Potenz, insofern es noch nicht das Ziel, den Terminus der Bewegung erreicht hat. Die Bewegung ist demnach eine Wirklichkeit, die noch unvollkommen ist, aber nach ihrer Vollkommenheit strebt — actus incompletus. Folgende längere Stelle aus dem Kommentar des hl. Thomas zur aristotelischen Physik[23] soll uns die Definition von Bewegung noch weiter erklären, wenn es nötig sein sollte: Considerandum est, quod aliquid est in actu tantum, aliquid vero in potentia tantum, aliquid vero medio modo se habens inter potentiam puram et actum perfectum. Quod igitur est in potentia tantum, nondum movetur; quod autem jam est in actu perfecto, non movetur, sed jam motum est. Illud igitur movetur, quod medio modo se habet inter puram potentiam et actum; quod quidem partim est in potentia, et partim in actu, ut patet in alteratione. Cum enim aqua est solum in potentia calida, nondum movetur; cum vero est jam calefacta, terminatus est motus calefactionis: cum vero jam participat aliquid de calore sed imperfecte, tunc movetur ad calorem: nam quod calefit, paulatim participiat calorem magis ac magis. Ipse igitur actus imperfectus caloris in calefactibili existens est motus; non quidem secundum id, quod actu tantum est, sed secundum quod jam in actu existens, habet ordinem in ulteriorem actum, quia si tolleretur ordo ad ulteriorem actum, ipse actus quantumcunque imperfectus esset terminus motus et non motus, sicut accidit cum aliquid semiplene calefit.

Ist die Zeit die Dauer der sukzessiven Veränderung oder Bewegung, dann ist sie nicht denkbar ohne Teile, und zwar solche Teile, von denen der eine

23 L. III. lect. 2.

früher ist, als der andere. Denn die Teile, welche das Bewegliche durchmachen muss, bis es zum terminus ad quem gelangt, erhält es nacheinander, den einen früher, den andern später. Da aber diese Teile kontinuierlich[24] einander folgen, so dass das Ende des einen der Anfang des andern ist, so ist ein Mittel notwendig, welches die Teile einerseits unterscheidet, andererseits alle Teile als ein Ganzes zusammenfaßt, als eine einheitliche Bewegung. Dieses Mittel ist der reflektierende Verstand, der die Teile der Bewegung zählt und dadurch in Einheit bringt. Aristoteles hat demnach die Zeit richtig definiert, wenn er sie in seiner Physik nennt: Numerus motus secundum prius et posterius.[25]

Eine Schwierigkeit könnte nur das Wort „numerus“ verursachen. Die „Zahl“ ist nämlich eine diskrete Größe, die sich auf eine kontinuierliche Größe, wie es die Bewegung ist, nicht anwenden zu lassen scheint.[26] Diese Schwierigkeit schwindet jedoch sofort, wenn man die doppelte Bedeutung von „Zahl“ unterscheidet. Betrachtet man die Zahl subjektiv und absolut, d. h. ohne Beziehung zu den Dingen, wie wenn wir z. B. sagen: 2, 3, 4 oder die Zehnzahl u. dgl., dann ist klar, dass sie auf die Bewegung nicht anwendbar ist. Betrachtet man jedoch die Zahl im objektiven Sinn, d. h., inwiefern sie in den gezählten oder zählbaren Dingen enthalten ist, dann findet sie auch auf die kontinuierliche Größe Anwendung. Es ist uns deshalb sehr geläufig zu sagen, dieses oder jenes Stück Holz, oder Stein oder Metall enthält so und so viel Kubikmeter u. dgl. Lassen wir uns auch diese Schwierigkeit vom hl. Thomas lösen, der im selben Kommentar zur Physik[27] schreibt: Numerus dicitur dupliciter. Uno modo id quod numeratur actu vel quod est numerabile: utopte cum dicimus decem homines vel decem equos: qui dicitur numerus numeratus, quia est numerus applicatus rebus numeratis. Alio modo dicitur numerus quo numeramus, id est ipse numerus absolute acceptus, ut duo, tria, quatuor. Tempus autem non est numerus cujuslibet rei esset tempus, sed est numerus numeratus, quia ipse numerus prioris et posterioris in motu tempus dicitur; vel etiam ipsa quae sunt prius et posterius numerata: et ideo, licet numerus sit quantitas discreta, tempus tamen est quantitas continua, propter rem numera-

24 Diese Teile der Bewegung sind zwar wirkliche, aktuelle Teile, aber sie sind nicht komplett wirklich, weil sie nicht voneinander getrennt und für sich bestehend sind; das Ende des einen ist der Anfang des anderen. Tempus est numerus non aggregatione partium, sed continuatione. Joan. a St. Thoma 1. c.

25 ʼΑριθμὸς κινήσεως κατὰ τὸ πρότερον καὶ υστεπον. L. IV. c. 11.

26 Gassendi hat aus diesem Grund die aristotelische Definition verwerfen zu müssen geglaubt.

27 Lib. IV. lect. 17.

tum, sicut decem mensurae panni quoddam continuum est, quamvis denarius numerus sit quantitas discreta.[28]

Statt „numerus“ gebrauchen manche das Wort „mensura“ und definieren demnach die Zeit als mensura motus secundum prius et posterius. Die beiden Definitionen sind sachlich nicht verschieden, denn mensura bedeutet dasselbe, wie numerus. Indem wir die Teile der Bewegung zählen, messen wir die Bewegung. Nur ist auch hier „mensura“ nicht im aktiven Sinn zu nehmen als Maß, wodurch wir messen, sondern im passiven als das, was gemessen wird, oder das, was messbar, i. e. zählbar ist.[29]

An der Richtigkeit dieser Behauptung wird dadurch nichts geändert, dass man einwirft, die Zeit messe ja auch die Ruhe, weshalb man z. B. sagt, der Gegenstand habe so lange geruht, und demnach könne die Zeit nicht das Maß der Bewegung sein. Die privativen Begriffe, zu denen auch die Ruhe gehört, erkennen wir nämlich nur durch die Realität, welche sie aufheben. Die Untugend wird nur erkannt und gemessen an der Tugend; ähnlich erkennen und messen wir die Ruhe durch ihr Gegenteil, die Bewegung. Dieses Messen kann deshalb nur den Sinn haben, dass wir auf den ruhenden Körper die Bewegung anwenden, die ihm möglich gewesen wäre, die er hätte durchmachen können.[30]

Wie wahr die aristotelische Definition von Zeit ist, beweist uns auch eine nur oberflächliche Vergleichung der Begriffe Zeit und Bewegung. Wir können den Begriff Zeit nicht festhalten, ohne dass wir den der Bewegung mitdenken, denn die Zeit stellt sich uns immer dar als etwas Fließendes, etwas in sukzessiver Veränderung Befindliches. Sobald wir Zeit denken, müssen wir Bewegung denken. Wenn wir daher die Bewegung nicht wahrnehmen, entsteht für uns keine Zeit, wie es z. B. im Schlaf der Fall ist. Aristoteles, Alb. Magnus und der hl. Thomas haben schon auf diese Tatsache aufmerksam gemacht. Letzterer begründet diese alltägliche Erfahrung damit, dass er sagt: die vom Schlaf Erwachten verknüpfen das erste Jetzt des Erwachens mit dem letzten Jetzt vor dem Einschlafen, weil sie die dazwischen liegenden Momente nicht

---

28 Daraus ergibt sich auch, wie falsch es ist, wenn manche die „Zahl“ aus der Zeit ableiten und glauben, dass sich die Zahl zur Zeit ähnlich verhalte, wie die Geometrie zum Raum. Die Zahl ist eine diskrete Größe, die Zeit eine kontinuierliche, weshalb ihre Teile nicht distinkt sein können. – Vgl. Baumann, d. c. W. Bd. II, S. 668.

29 Daher sagt Aristoteles ganz kurz: ὁ χρόνος ἐστὶ τὸ ἀριθμούμενον καὶ οὐχ ᾧ ἀριθμοῦμεν. L.c.

30 Tempus mensurat non solum, quae transmutantur in actu, sed quae sunt transmutabilia; unde non solum mensurat motum, sed etiam quietem, quae est ejus, quod natum est moveri et non movetur. S. th. s. th. I. qu. 10. a. 4 ad 3.

erfahren haben.[31] Daher auch das uns geläufige Wort: Dem Glücklichen schlägt keine Stunde. Und wenn wir weiter reflektieren und fragen: wie gewinnen wir aus der fließenden Bewegung die Zeit? So müssen wir antworten: dadurch, dass wir an der Bewegung einen früheren und späteren Moment unterscheiden. Nur deswegen entsteht für unser Denken der Begriff von etwas Fließendem, weil wir an der Bewegung etwas nicht mehr Vorhandenes und etwas Kommendes denken, i. e. ein prius und posterius. Indem wir aber die aufeinander folgende Bewegung in solcher Weise denken, messen wir sie oder zählen ihre Teile. Es ist demnach wahr: die Zeit ist das Maß der Bewegung secundum prius et posterius.

Es ist allerdings zuzugeben, dass diese Definition nicht alles Dunkle von der Zeit beseitigt; wir behaupten sogar, dass sie den jedem Menschen so bekannten und vertrauten Begriff noch verdunkle, allein man muss festhalten, dass die Zeit zu jenen Wesen gehört, deren Existenz sehr leicht erkannt wird, deren Natur und Wesenheit jedoch schwer zu erfassen ist. Der Punkt, die Mitteilung der Bewegung, das Licht, die Empfindung, die Schöpfung aus Nichts und viele andere Dinge sind uns bezüglich ihres Daseins ganz gewiss, aber sobald wir das Was und Wie derselben zu erforschen suchen, da türmen sich die Schwierigkeiten. Dem gewöhnlichen Mann mag allerdings durch die aristotelische Definition nicht viel geholfen sein, allein dem forschenden Denker wird sie das Geheimnis der Zeit so weit lüften, als dies möglich ist, jedenfalls tut sie dies mehr, als jede andere Definition, welche alte und moderne Denker ausgeklügelt haben.

Durch die Feststellung unserer Definition haben wir auch die Ansicht jener widerlegt, welche die Zeit mit der Bewegung zusammenfallen lassen. Die Zeit ist zwar nicht ohne Bewegung, aber sie ist gleichwohl mit ihr nicht identisch. Wäre sie Letzteres, dann müsste auch die Dauer mit der Bewegung identisch sein, denn die Zeit ist eine Art der Dauer. Niemand aber dürfte im Ernst behaupten, dass die Bewegung und ihre Dauer zusammenfallen, im Gegenteil, die Dauer ist von der Bewegung verschieden und folglich auch die Zeit.

Dieser Unterschied dürfte noch mehr einleuchten, wenn man beachtet, dass sich die Prädikate der Bewegung durchaus nicht auf die Zeit anwenden lassen. Von der Bewegung sagt man, sie sei schnell oder langsam, aber keineswegs lässt sich dies von der Zeit sagen, im Gegenteil, „langsam“ und

31 Tales (i. e. ex sommo excitati) ad se redeuntes non percipiebant tempus, quod praeterierat, dum ipsi sic absorpti erant; quia illud instans primum, in quo dormire caeperant, copulabant posteriori nunc, in quo excitabantur, ac si essent unum; medium enim tempus non percipiebant. In IV. Phys. lect. 16. n. 6.

„schnell“ definiert man durch Vergleichung mit der Zeit, denn langsam ist jene Bewegung, die im Vergleich zu einer andern in einer längeren (größeren) Zeitdauer verläuft. Wäre demnach Zeit und Bewegung identisch, dann müsste die Zeit durch sich selber, i. e. durch Vergleichung mit sich selber definiert werden.[32] Desgleichen lassen sich die anderen Eigenschaften der Bewegung nicht auf die Zeit übertragen. Man sagt von der Bewegung, sie gehe nach oben oder unten, nach rechts oder links, sie sei rückläufig u. dgl. Aber niemandem wird es einfallen, solches von der Zeit zu behaupten. Und eben daraus, dass die Eigenschaften der Bewegung sich nicht von der Zeit aussagen lassen, folgt weiter, dass die Quantität der Bewegung nicht gleich sein kann der Quantität der Zeit, denn innerhalb derselben Zeitdauer kann die eine Bewegung langsam und die andere rasch verlaufen. Zeit und Bewegung fallen demnach nicht zusammen; die Zeit ist wohl durch die Bewegung und an der Bewegung, aber sie ist nicht die Bewegung selber.[33]

Wie wir früher gehört haben, identifizieren einige Lehrer die Zeit zwar nicht geradezu mit der Bewegung, sondern halten dafür, dass sie ein Akzidens an der Bewegung sei — passio motus. Die Zeit begreift nach ihnen insoweit die Bewegung in sich, als das Bewegliche unter fortwährender, stetiger Sukzession eine Veränderung erleidet. Durch die Bewegung vervollkommnen sich die Dinge, aber nicht die zunehmende Vervollkommnung gibt die Zeit, sondern dadurch fällt etwas in die Zeit, dass es eine sukzessive Veränderung erleidet. Et merito tempus motus passio ponitur, nam tempus cum variationem dicat, adjungitur naturae et accidenti, cujus esse variationem patitur, qualis res est motus.[34]

Allein nach dem Bisherigen fällt etwas nicht dadurch der Zeit anheim, dass es verändert wird und etwas erleidet, sondern dadurch, dass es sich aktiv verhält, d. h., dass es durch die Veränderung wirklich dauernd ist. Die stetige Veränderung ist als solche noch nicht Zeit, sondern führt nur insoweit zur Zeit, als wir diese Veränderung als eine fließende Wirklichkeit, als ein fließendes Sein erfassen.

---

32 S. Th. ibid. lect. 16. n. 5.

33 Dies geht auch sonnenklar daraus hervor, dass die Arten der Bewegung mit denen der Zeit nicht zusammenfallen. Zu den Arten der Bewegung gehört z. B. die alteratio und augmentatio; nie und nimmer aber ist die alteratio oder augmentatio etwas Zeitliches. S. Th. ibid. lect. 16. n. 4.

34 Toletus in IV. Phys. c. 12. q. 12.

Viertes Kapitel

Ursprung des Begriffs Zeit

Von Locke haben wir gehört, dass die Zeit nicht aus der Bewegung entsteht, sondern „dass die Kenntnis, die man von seinen Vorstellungen, wenn sie nacheinander auftreten, nimmt, die ist, welche die Vorstellung der zeitlichen Folge und Dauer gewährt".[35] Wie Locke, so lassen auch Berkeley und Hume aus der Sukzession unserer Vorstellungen die Zeit hervorgehen. Wer beachtet, was wir oben über die Lehre Wundt's gesagt, wird finden, dass auch er im Wesentlichen mit Locke übereinkommt; die Zeit entsteht ihm aus unseren Vorstellungen, sie ist nur eine Form derselben. Es ist nicht schwer, nachzuweisen, dass die Sukzession unserer Gedanken, die Reflexion auf „den Zug unserer Vorstellungen" den Begriff Zeit nicht geben kann.

Nach dem, was wir über den Inhalt des Begriffs Zeit erörtert haben, steht fest, dass sie wesentlich in der kontinuierlichen Sukzession besteht, sie ist eine kontinuierliche Größe. Es steht aber ebenso fest, dass die Aufeinanderfolge unserer Gedanken keine kontinuierliche ist, weil jede Idee ein Sein für sich ist; in jeder Vorstellung kommt die Denkbewegung zur Ruhe und bei jeder folgenden Vorstellung beginnt sie aufs Neue; die Sukzession ist eine diskrete. Umso weniger kann die Reflexion auf den Zug unserer Vorstellungen den Gedanken „Zeit" erzeugen, als dieser Zug sich aus den heterogensten Gedanken und Seelenakten zusammensetzt, die in keiner Weise eine uniforme Sukzession hervorbringen können und auch in keiner Weise miteinander verbunden sind, außer man wollte die Verbindung darein legen, dass sie alle aus derselben Seele entstehen. Zudem hat dieser Gedankenzug nichts Stetiges, nichts Fließendes, weil wir oft bei einem Gedanken sehr lang verweilen, während ein anderer nur auf einen Augenblick in uns auftaucht. Wir mögen aber die Zeit denken, wann und wie wir wollen, wir können sie nie ohne etwas stetig und uniform Dahineilendes denken, weshalb sie nie und nimmer im Aufeinander der Gedankenwelt ihre Geburtsstätte haben kann. Nur so viel ist richtig, dass wir, wenn wir den Begriff Zeit bereits haben, ihn auch auf unsere geistigen Akte übertragen. Da nämlich auch unsere geistige Tätigkeit in einer Sukzession verläuft, so denken wir dieselbe nach Analogie der kontinuierli-

---

35 D. c. W. II. Buch. Kap. 14. § 16.

chen und finden auch im Verlauf unserer Gedanken Zeit. Selbstverständlich gebrauchen wir hier „Zeit" im weiteren Sinn.

Im Gegensatz zu den vorausgehenden Philosophen lassen andere die Zeitvorstellung durch die äußere Sinneserfahrung gewinnen, wie z. B. Condillac, Stuart Mill und viele andere Sensisten. Allein auch diese irren. Es ist ihnen wohl zuzugeben, dass die Sinne das vorüberziehende Phänomen, die in der stetigen Veränderung sich befindlichen Körper und den früheren und späteren Teil der Bewegung wahrnehmen, aber die Sinne vermögen nicht, den Nexus des Früheren und Späteren und noch weniger das immensurable Jetzt aufzugreifen und können sich darum nie und nimmer eine Vorstellung von Zeit bilden. Es ist deshalb mit der alten Schule zu lehren, dass der Zeitgedanke zwar aus der äußeren Sinnenwelt entsteht, jedoch nicht durch Sinnestätigkeit allein, sondern durch die abstrahierende Tätigkeit des Verstandes. Der Verstand erkennt nicht bloß, wie die Dinge entstehen und wieder vergehen, er erkennt auch, wie dieselben von ihrem Entstehen bis zu ihrem Vergehen einem beständigen Wechsel unterliegen und sich unaufhörlich verändern. Indem nun der Verstand von allem anderen, was an den Körpern ist, absieht und lediglich die succedierende Veränderung oder Bewegung ins Auge fasst, erkennt er vergangene und kommende Teile der Bewegung und das im Fluss beharrende Jetzt und gewinnt dadurch das Maß der ganzen Bewegung, d. h., er kommt zum Zeitbegriff. Man braucht deshalb nicht zu einer apriorischen Anschauung oder zu einer angeborenen Idee seine Zuflucht zu nehmen, um den Begriff Zeit zu erhalten; es ist nur erforderlich, dass man dem Verstand die Abstraktionskraft zuerkennt, allerdings nicht die Abstraktionskraft der Sensisten und Positivisten, die nur sinnliche Momente zu einem allgemeinen Schema verarbeitet, sondern eine Abstraktionskraft, die über das Sinnliche hinausgeht und das übersinnliche Wesen aus dem sinnlichen Phänomen erfasst.

Da der Verstand seine ersten Erkenntnisse aus der umgebenden äußern Sinnenwelt schöpft und erst später zur Erkenntnis der inneren Akte gelangt, so dürfte unzweifelhaft feststehen, dass der Verstand den Begriff Zeit aus der äußern Sinneserfahrung abstrahiert. Damit ist aber keineswegs die Frage erledigt, ob dieser Begriff nicht auch aus der inneren Sinneserfahrung gewonnen werden kann. Kleutgen z. B. lehrt, dass die Zeitvorstellung nicht bloß aus unserer Empfindungswelt gewonnen werden kann, sondern auch tatsächlich gewonnen wird. Wir sind uns nämlich, meint er, nicht bloß der vorüberziehenden Empfindungen bewusst, sondern auch, dass wir bleiben und fortdauern, während diese Empfindungen gehen und kommen. Indem der Verstand dieses doppelte Moment der Dauer und der Veränderung erfasst, gelangt er zum Zeitgedanken. „Wie wir“, schreibt er[36], „beim Anschauen vorübergehender Zustände den Gedanken der Veränderung nur dadurch gewinnen, dass wir von den Zuständen das Subjekt, welches verändert wird, unterscheiden; so gewinnen wir auch beim Anschauen der aufeinander folgenden Zustände den Gedanken der Zeit nur dadurch, dass wir außer dem Kommen und Entschwinden ein Bleiben, d. i. eine Dauer denken.“ Umgekehrt scheint Sanse-verino der Ansicht zu sein, dass der Zeitbegriff aus der inneren Erfahrung nicht geschöpft werden kann[37], sondern nur aus der äußeren. Dagegen halten wir mit Kleutgen dafür, dass unser abstrahierender Verstand auch aus der inneren Sinnesempfindung die Zeitvorstellung gewinnen kann. Wir weichen nur insofern von ihm ab, als wir die Zeit nicht aus der Sukzession der Empfindungen entstehen lassen, da diese Sukzession, wie wir soeben dargetan haben, keine kontinuierliche, sondern eine diskrete ist. Dieser Verstand vermag jedoch aus den einzelnen körperlichen, vitalen und sensitiven Akten die Vorstellung von Zeit zu erwerben, weil jede dieser Tätigkeiten in einer kontinuierlichen Bewegung verläuft und demnach all‘ das enthält, was zur Abstraktion von Zeit erforderlich ist. Dies scheint auch der heilige Thomas zu lehren, wenn er an manchen Stellen behauptet, dass für uns immer die Zeit entstehe, wenn wir eine Bewegung wahrnehmen, sei es eine Bewegung in äußeren Dingen oder in unserer Seele.[38]

Wenn wir aber auch festhalten, dass die Zeit aus der inneren Sinnesempfindung gewonnen werden kann, so sind wir damit weit von der Ansicht Kant‘s entfernt, dem sie eine innere Anschauung ist. Da die Zeit wesentlich aus Vergangenem, Gegenwärtigem und Zukünftigem besteht, so kann sie unmöglich „angeschaut“ werden. Denn was schon vorüber ist und was noch nicht da ist, das kann nicht angeschaut und kann innerlich nicht zumal erfahren werden. Von dem durch die Glieder rieselnden Schauer wird immer nur ein Moment erlebt und empfunden. Nur der zu Hilfe kommende Verstand schafft aus dem vorüberziehenden Schauer den Zeitverlauf desselben.

---

36 Philos. der Vorzeit. Bd. I. Nr. 361 ff. Eine Neuausgabe dieses klassischen Werkes ist kürzlich im Verlag editiones scholasticae erschienen.

37 Elementa Philos. Christianae. Vol. II. p. 210.

38 Quicunque percipit quemcunque motum, sive in rebus sensibilibus existentem, sive in anima, percipit esse transmutabile, et per consequens percipit primum motum, quem sequitur tempus. In IV. Phys. lect. XVII. n. 4. Vgl. ibid. n. 2.

Fünftes Kapitel

Die objektive Realität von Zeit

Bezüglich der Realität der Zeitvorstellung dürfte nach dem Bisherigen unzweifelhaft feststehen, dass die Zeit einerseits kein bloßes subjektives Gebilde des Denkens, sondern dass sie in der Objektivität begründet ist, da sie aus der Bewegung der körperlichen Dinge entsteht; dass sie aber andererseits auch nicht in dem Sinn real ist, wie wir sie denken, da die Bewegung nur für den bewussten Verstand zur Zeit wird. Der Zeitbegriff enthält demnach ein objektives und ein subjektives Moment. Um zu erkennen, inwieweit die Zeit in den Dingen real sei, ist es demnach nötig, dieses doppelte Moment wohl zu unterscheiden. Zur Begründung des objektiven Elementes bemerken wir Folgendes.

Als Maß oder Zahl der Bewegung schließt die Zeit wesentlich drei Momente in sich, nämlich Vergangenheit, Gegenwart und Zukunft. Jene Teile der Bewegung, die bereits vorüber sind, bilden die Vergangenheit (das prius), während die kommenden die Zukunft geben (das posterius). Die sich kontinuierlich folgenden Teile der Bewegung verbinden sich aber nur dadurch miteinander, dass sie sich in ihren Extremen berühren. Eine solche Berührung ausgedehnter Teile ist jedoch nur in einem unausgedehnten und unteilbaren Punkt möglich. Demnach erfordert die Zeit zur Verbindung ihrer Teile das unteilbare Jetzt, die Gegenwart. Das Jetzt ist das Ende des vergangenen und der Anfang des kommenden Teiles, und verknüpft beide als ihr Extrem, wie der Punkt die Teile der Linie einigt. Der unteilbare Augenblick ist demnach kein Teil der Zeit; denn wenn die Gegenwart ein Teil der Zeit wäre, dann müsste sie wieder aus Vergangenheit und Zukunft bestehen, was undenkbar ist.[39] Daraus folgt aber nicht, dass das Jetzt gar nichts Zeitliches ist; es ist insofern etwas Zeitliches, als es Vergangenheit und Zukunft, prius und posterius der Bewegung verbindet.

Wenn wir nun fragen, wie viel von diesen drei Elementen in den Dingen real sei, so werden wir unbedingt antworten müssen: Von der dahinfließenden Zeitbewegung ist nur dieser unteilbare Moment, das „Jetzt“ real. Von der Zeit

39 Weitere Beweise siehe Pesch, Instit. philos. naturalis, p. 531 ff. Damit stimmt auch Leibniz überein, wenn er seinen „Nouv. Ess.“ 1. II. c. XIV. § 10 schreibt: A la rigueur le point et l‘instant ne sont point des parties du temps ou de l‘espace et n‘ont point des parties non plus. Ce sont des extrémités seulement.

ist daher sehr wenig wirklich; sie lebt nur in einem immensurablen Jetzt. Dieses Jetzt ist das objektive und reale Fundament im Begriffe „Zeit“.[40]

Da aber die Zeitvorstellung nicht bloß das wirkliche Jetzt einschließt, sondern auch die Vergangenheit und Zukunft, so hat sie auch ein subjektives, d. h. durch das Denken gesetztes Element. Wir werden nämlich des schwachen Seins der Zeit im Denken nur dadurch habhaft, dass wir das, was von der Zeit nicht mehr wirklich ist, und das noch nicht Wirkliche mit dem wirklichen Jetzt zusammendenken und festhalten. Diese Verbindung des Wirklichen von der Zeit mit der nicht wirklichen Vergangenheit und Zukunft kann aber keine objektive und reale sein, sondern nur eine subjektive und durch das Denken erzeugte. Der Verstand ist es, der in den Fluss der Bewegung, in welchem kein Teil „ist“, sondern „wird“, gleichsam Stillstand bringt, indem er die sukzessiven Momente als gleichzeitig zusammenfasst und als etwas Zumales denkt. Er fügt dadurch etwas zur realen Zeit hinzu, was ihr fremd ist, denn die Sukzession schließt das Zumal wesentlich aus. Es zeigt sich hier die Macht des Geistes, der den Fluss der Zeit nicht kennt und sie besiegt. „Der zeitliche Geist siegt schon über die enge Schranke, indem er sie erweitert, und kann hier im Bild die Macht des großen Geistes ahnen, der die Zeit wie Ewigkeit schaut.“[41]

Wenn wir noch fragen, welches von diesen beiden Momenten das formale ist, d. h. jenes, welches die Zeitvorstellung begründet, so müssen wir sagen, dass es das subjektive sei. Die Bewegung oder vielmehr das fließende Jetzt derselben bildet wohl das Fundament für den Zeitgedanken, allein erst der messende und zählende Verstand schafft daraus die Zeit. Das Formale der Zeit ist ein Werk des reflektierenden Verstandes. In dieser Beziehung kann Aristoteles mit Recht sagen, dass es ohne die Seele keine Zeit gäbe, weil es keine Zahl ohne zählenden Verstand geben kann. Diesen subjektiv-objektiven Charakter der Zeit drückt der Aquinate mit den klaren Worten aus: Si motus haberet esse fixum in rebus, sicut lapis vel equus, posset absolute dici, quod sicut etiam anima non existente est numerus lapidum, ita etiam anima non existente esset numerus motus, qui est tempus. Sed motus non habet esse fixum in rebus, nec aliquid actu invenitur in rebus de motu, nisi quoddam indivisibile motus, quod est motus diviso: sed totalitas motus accipitur per considerationem animae, comparantis priorem dispositionem mobilis ad posteriorem. Sic igitur et tempus non habet esse extra animam, nisi secundum suum indivisi-

40 Man nimmt jedoch die Gegenwart auch in einem viel weiteren Sinn, in welchem sie Zeit und oft sehr viel Zeit einschließt, wie wenn man z. B. sagt: die gegenwärtigen Ereignisse, die Geschichte der Gegenwart u. dgl.

41 Trendelenburg, d. c. W. Bd. I. S. 231.

bile: ipsa autem totalitas temporis accipitur per ordinationem animae numerantis prius et posterius in motu. Et ideo signanter dicit Philosophus quod tempus non existente anima, est *utunque* ens, i. e. imperfecte; sicut et si dicatur quod motum contingit esse sine anima imperfecte.[42]

Weil von der Zeit immer nur ein unteilbarer Moment wirklich ist, so folgt, dass sie nur eine Dimension[43], die Länge, haben kann. Die sich folgenden und stetig zusammenhängenden Punkte der Bewegung können nichts Anderes erzeugen, als die Linie, und darum begreifen wir die Zeit als eine fließende Linie, als eine Länge.

Wie bereits dargetan, fallen die körperlichen Dinge nach all' ihrer Tätigkeit in die Zeit und gibt es all überall Zeit an den Dingen, aber gleichwohl erweitern sich diese vielfachen und verschiedenen Zeitlängen nicht zur Fläche, alle verlaufen nur in der einen Dimension, in der Länge. Es entsteht aus dieser vielfachen Zeit nur eine Gleichzeitigkeit, wenn die verschiedenen Bewegungen zugleich nebeneinander hergehen. Diese Gleichzeitigkeit bewirkt jedoch keine Zeitfläche, sondern besteht nur in der Vergleichung der einen Zeitdauer mit der andern; jede Zeitbewegung bleibt und verläuft für sich selbstständig. An dieser Zeitenlinie vermag nur der reflektierende Verstand die drei Momente von Vergangenheit, Gegenwart und Zukunft zu unterscheiden, wie wir oben gezeigt haben.

Muss die Zeit als Linie gefasst werden, so lässt sich eine oft gemachte Schwierigkeit lösen. Man sagt nämlich: Ist die Gegenwart unteilbar und, kein Teil der Zeit, dann setzt sich die Zeit aus einer Reihe unteilbarer Momente zusammen. Dabei bleibt es dann aber schlechterdings unverständlich, wie aus unteilbaren Momenten etwas Teilbares und Ausgedehntes entstehen kann, und wiederum bleibt es unbegreiflich, wie die Vergangenheit teilbar sein kann, denn die Vergangenheit war einmal Gegenwart und folglich unteilbar. Wir antworten darauf: Die Zeit konstituiert sich nicht aus einer Sukzession von Augenblicken, weil die unteilbaren Augenblicke nur bewirken, dass die ausgedehnten Teile der Zeit nicht stillstehen, sondern sich in kontinuierlichem Fluss bewegen; sie führen die Teile der Zeit aus der Zukunft in die Vergan-

42 In IV. Physic. lect. 23. Vgl. In I. Sent. dist. 19. qu 5. a. 1. und in II. Sent. dist. 12. qu. 1. a. 5. Zu derselben Lehre von der Zeit, wie sie Aristoteles und im Anschluss an ihn die Scholastiker entwickeln, ist auch Augustin unabhängig vom Stagiriten gelangt. Er unterscheidet genau das doppelte Moment im Begriff Zeit, wenn er sich auch nicht so formal ausdrückt, wie jener. Vgl. Confess. 1. XI. c. 15-18.

43 Wenn wir den Ausdruck Dimension gebrauchen, so ist dies natürlich nicht im Sinn von Raumdimension. Die „starre Linie" des Herbart findet sich nicht in der Zeit. Dimension und Länge sind nur in analogem Sinn gebraucht.

genheit und finden sich deshalb in jedem Teil der Zeit, wie auch zwischen ihnen immer ein fließender Zeitteil ist. Die Augenblicke der Zeit verhalten sich zur ganzen Zeitlänge, wie die Punkte der Linie. Wie Letztere etwas Unteilbares sind und nur die teilbaren Teile der Linie verbinden, auf dass alle Teile kontinuierlich zusammenhängen, so verknüpfen auch die immensurablen Jetzt die Teile der Zeit zu einem fließenden Kontinuum.

Mit dieser Bemerkung ist auch der weitere Teil des Einwurfes zurückgewiesen, dass die Vergangenheit einmal Gegenwart war und deshalb die Gegenwart ein teilbarer Zeitteil ist. Sicher ist die Vergangenheit einmal gegenwärtig gewesen, aber nicht als etwas Stillstehendes und Bleibendes, sondern als etwas Fließendes, und weil sie als etwas Fließendes gegenwärtig war, existierte von ihr immer nur ein unteilbarer Augenblick, der den vergangenen Teil mit dem kommenden verband.

Um die Widerlegung der vorausgehenden Einwürfe noch besser zu verstehen, wollen wir auf die schwierige Frage etwas näher eingehen, ob die unteilbare Gegenwart immer unveränderlich dieselbe bleibe oder nicht. Für den ersten Anblick scheint es wohl, als ob das immensurable Jetzt fortwährend im Strom der Zeit untergehe und ein anderes an seine Stelle trete. Allein wenn dem so wäre, so würde sich die Zeit aus unteilbaren Jetzt zusammensetzen und könnte nie eine kontinuierliche Größe, eine Linie bilden. Wollte man sich damit helfen, dass man sagte, dem untergehenden Jetzt folge zwar kein anderes Jetzt, jedoch ein Teil der Zeit, dann müsste man die Absurdität behaupten, dass etwas Vergangenes und Künftiges gegenwärtig sei, denn jeder Teil der Zeit ist in ein prius und posterius, in Vergangenheit und Zukunft teilbar. Wir müssen deshalb sagen: Der Augenblick, das Jetzt, in dem die Zeit real ist, bleibt seiner Natur nach immer derselbe; er ändert sich nur insofern, als er sich den verschiedenen Teilen der Zeit gegenüber verschieden verhält. Den Beweis hiefür können wir in folgender Weise formulieren. Zur Bewegung gehört ein beweglicher Körper und die kontinuierliche Sukzession. Das Bewegliche oder der Körper bleibt in allen Teilen der Bewegung derselbe; er wird nur insofern ein anderer, als er sich fortwährend in anderen Teilen des Raumes befindet, dagegen verschwinden die Teile der Bewegung unaufhörlich, um anderen Platz zu machen. Wie nun die fließenden Teile der Bewegung, das prius und posterius, die Vergangenheit und Zukunft geben, so wurzelt im beweglichen Körper die Gegenwart, das Jetzt. Als Auffassung des in der Bewegung beharrenden Seins muss es ebenfalls unveränderlich bleiben und kann nur insoweit dem Fluss der Zeit anheimfallen, als es unaufhörlich vom prius ins posterius übergeht. In diesem Jetzt haben demnach die körperlichen Wesen Wirklichkeit, Dasein und Dauer; sie dauern nicht zumal, sondern in einem fortwährenden Fluss. Wie die Bewegung den Körper fortwährend alteriert, in neue Verhältnisse bringt und verändert, so wandelt die Zeit das Jetzt unaufhörlich, indem es in den verschiedenen Zeitteilen immer in anderer Weise fließt. Dies ist die Lehre des Aquinaten, der sie mit folgenden Worten vorträgt: Tempus est mensura ipsius motus, et nunc temporis est mensura ipsius mobilis, quod fertur. Unde sicut est idem mobile secundum substantiam in toto motu, variatur tamen secundum esse, sicut dicitur quod Socrates in foro est alter a seipso in domo; ita nunc est etiam idem secundum substantiam in tota successione temporis, variatum tantum secundum esse, scil. secundum rationem quam accipit prioris et posterioris. Sicut autem motus est actus ipsius mobilis in quantum mobile est, ita esse est actus existentis, in quantum ens est. Unde quacunque mensura mensuretur esse alicujus rei, ipsi rei existenti respondet nunc ipsius durationis quasi mensura.[44]

44 In I. Sent. dist. 19. qu. 2. a. 2. Vgl. S. Th. s. th. I. qu. 10. a. 4. ad 2. Dieselbe Lehre trägt Toletus vor in seinem Kommentar zur Physik 1. IV. qu. 13: „An sit unicum nunc in toto tempore.“

Sechstes Kapitel

Zeit als Kategorie des Seins

Ist die Zeit real, wenn auch nur in einem unteilbaren Jetzt, dann hat Aristoteles sie mit Recht unter die Gattungen des Seins aufgenommen; sie ist ein Akzidens an der Substanz. Aber es fragt sich, in welcher Beziehung die Zeit eine Bestimmung des Seins ist und eine eigene Kategorie bildet. Sicherlich bildet die Zeit als solche keine Kategorie; auch nicht das reale „Jetzt" kann eine neue Seinsgattung bilden. Die Zeit bildet nur insofern eine eigentümliche Seinsklasse, als durch sie die Substanz in einer besonderen Weise bestimmt und gemessen ist. Durch sie wird geantwortet auf die Frage „Wann?" Durch sie ist die Substanz heute oder morgen oder ist bereits gewesen. Darum bezeichnet der Stagirite nicht die „Zeit" als Kategorie, sondern das „Wann" als die Bestimmung durch die Zeit. Quando quidem, bemerkt Albertus Magnus, non tempus significat, sed esse temporis secundum aliquam temporis differentiam, ut heri quidem fuisse, aut cras futurum esse, aut longe a praesenti, aut prope, et a praeterito, similiter olim fuisse, auf jam, aut dudum, et aliquid hujusmodi: hoc enim praedicamentum nullum aliorum significat.

Mit der Lehre, dass die Zeit ein Akzidens der Substanz sei, scheint jedoch alles Bisherige wieder in Frage zu stehen, denn wie soll die Zeit als Akzidens die Substanz messen können, da doch Maß und Gemessenes demselben Sein angehören müssen? Noch mehr; die Substanz als etwas Bleibendes und Unveränderliches kann gar kein Maß haben, das aus der Bewegung und Veränderung hergenommen ist. Sicher kann die Substanz als solche nicht in der Zeit ihr Maß haben, da sie ein Früher und Später nicht kennt.[45] Die körperliche Substanz wird nur durch ihre Quantität messbar und dadurch zeitlich. Durch die Quantität wird nämlich die Substanz etwas Bewegliches und als solches etwas Zeitliches. So oft sich dieses Bewegliche bewegt, hat es in der Zeit seine Schranke und sein Maß. Da aber die Zeit, wie früher dargetan, nicht bloß die Bewegung, sondern auch die Ruhe misst, so können wir mit vollem

45 Mobilia quantum ad id quod sunt, sicut homo aut lapis, non mensurantur tempore, quia essentia eorum est in quolibet nunc temporis, nec habet prius nec posterius sive successionem; unde his respondet nunc temporis et non tempus. S. Th. opusc. de tempore, c. 3. Es ist also nicht richtig, wenn Isenkrahe die Zeit nur in der Substanz findet (die fortwährende Regeneration der Substanz gibt die Zeit) und durch die Bewegung die Zeit begründet sein lässt. D. C. W. S. 179.

Recht behaupten, dass auch die körperliche Substanz in ihrem ruhenden und bleibenden Sein der Zeit anheimfalle. Das Verharren im Sein oder die unverändert bleibende Substanz ist nämlich so viel, als die Ruhe, welche der Bewegung vorausgeht; denn das ruht, was so bleibt, wie es ist. Vermag nun die Zeit die Ruhe zu messen, so vermag sie auch die Substanz zu messen, nicht inwiefern sie Substanz ist, sondern inwiefern sie eine ruhende und dauernde Substanz ist, aber so ruhend, dass sie jeden Moment in Bewegung und Korruption übergehen kann. In diesem Sinn, muss man sagen, findet auch die Substanz, obschon ohne alle Sukzession, in der Zeit ihr Maß. Als quantitatives Wesen trägt die körperliche Substanz wurzelhaft die Zeit in sich; sie ist ein solch' bleibendes Sein, das jeden Augenblick sich ändern und bewegen und jeden Augenblick in das Nichtsein zurückkehren kann.[46] Wenn wir auf solche Weise auch die Substanz als zeitlich erklären müssen, so zeigt sich so recht, wie schwach das körperliche Sein ist und wie es den Todeskeim im Innersten stets mit sich trägt.

Die mittelalterlichen Lehrer begnügten sich jedoch nicht, mit Aristoteles in der Zeit ein Maß für das körperliche Sein gefunden zu haben. Das zeitliche Sein war ihnen damit noch nicht vollständig erklärt, weshalb sie nach einer tieferen Auffassung rangen und es beklagten, dass der Stagirite die Zeit zu äußerlich gefasst habe. In dieser Beziehung sind es zumeist zwei Gedanken, durch welche sie die Zeitvorstellung vertieften. Sie haben sich nämlich vor allem die Frage gestellt, woher es komme, dass die körperlichen Wesen in der Zeit das Maß für ihre Dauer haben. Sie finden fast einstimmig den Grund hiefür im Stoff oder in der Materie, welche einen Wesensteil des Körpers ausmacht. Nach seiner formalen Seite oder seinem Wesensgrund fällt der Körper nicht in die Zeit, denn die Wesensform ist an sich etwas Überzeitliches und Unveränderliches. Weil aber der überzeitliche Wesensgedanke in einem Stoff sich auswirkt und demselben Bestimmung gibt, der die Quelle aller Veränderung ist, so wird er selber oder vielmehr das Kompositum, die körperliche Substanz, der wechselnden Veränderung überliefert. Da nämlich der Stoff jene Realität im Körper ist, welche in Potenz ist zu allen möglichen Formen und zur Aufnahme derselben sogar eine gewisse Tendenz besitzt: So trägt jeder Körper in sich den Grund zum Nichtsein und die Tendenz zum

46 Idem est quies, quod permanentia, cum illud dicatur quiescere, quod se habet nunc sicut ante. Eadem ergo est mensura rei permanentis, ut permanens est, et rei quiescentis. Quies autem rei mutabilis mensuratur tempore; ergo et ipsa substantia corrubtilis non ut substantia, sed in quantum durans, et permanens in quiete, mutabili tamen et corruptibili subjicitur tempori. Joann. a S. Th. I. c. art. 3.

Untergang.[1] Wie demnach jeder Körper einen Anfang hat, so muss er auch ein ein Ende haben, und wenn er vom Anfang bis zum Ende dauert, so dauert er doch so, dass er sein Sein nur sukzessiv besitzt, es gleichsam in jedem Moment neu empfängt. Dies dürfte noch klarer werden, wenn wir bemerken, dass im materiellen Prinzip die Ausdehnung der Körper wurzelt und in Folge derselben alle körperliche Tätigkeit entweder in quantitativer Veränderung besteht oder dieselbe wenigstens zur Voraussetzung hat. Da aber alle quantitative Veränderung sich nicht zumal, sondern nur sukzessiv durch die Bewegung vollziehen kann, so fällt alle körperliche Tätigkeit in die Zeit, weil diese die Bewegung misst. Der hl. Thomas sagt demnach ganz kurz: Secundum quod aliquod esse recedit a permanentia et subditur transmutationi, secundum hoc recedit ab aeternitate et subditur tempori. Esse igitur rerum corrubtibilium, quia est transmutabile, non mensuratur aeternitate, sed tempore.[2] Auf solche Weise finden die scholastischen Denker im Stoff den Grund für jenes fließende, kontinuierliche Sein, in welchem die Zeit gründet, und den Grund, warum die Zeit im eigentlichen Sinn sich nur in der Körperwelt findet.

Die christlichen Denker geben sich aber nicht zufrieden, die Zeit aus dem Wesen der körperlichen Substanz begriffen zu haben, sie bringen die Zeitvorstellung auch in Beziehung zu Gott, um dieselbe in ihrer letzten Quelle zu erfassen. Darin liegt an sich noch kein besonderes Verdienst, da auch die neuzeitliche Philosophie Zeit und Raum aus dem Absoluten, aus Gott zu begreifen suchte. Dieselbe glaubte alle Schwierigkeit auf einmal damit abgetan zu haben, dass sie Zeit und Raum auf Gott übertrug und dieselben zu Prädikaten des Absoluten machte, weshalb sich Zeit und Raum überall finden, wo das Absolute etwas setzt oder selber in die Erscheinung tritt. Selbst christliche Philosophen unserer Tage wähnten die Zeit nur dann recht erfasst zu haben, wenn auch „das Leben des Absoluten nicht ohne alle Zeit- und Raumform sei“.[3] Demnach sollen Zeit und Raum nicht bloß „Formen, Erscheinungs- oder oder Offenbarungsweisen alles kreatürlichen Seins in jeder Sphäre des Universums sein“, sondern auch die Trinität der göttlichen Personen soll sich ohne Zeit und Raum nicht denken lassen. Allein das große Verdienst der scholastischen Lehrer liegt darin, dass sie im Gegensatz zu den neuzeitlichen Denkern Gott in den vollendeten Gegensatz zur Zeit brachten. Sie fanden nämlich

1 Quaedam res sic sunt a Deo in esse productae, ut in earum natura sit potentia ad non esse, quod quidem contingit ex hoc, quod materia in eis est in potentia ad aliam formam. S. Th. c. G. 1. II. c. 30. Vgl. S. c. G. 1. III. c. 22.

2 S. th. I. qu. 10. a. 4. ad 3.

3 Günther, Vorschule zur spekulativen Theologie. Erste Beilage: Zeit und Raum. S. 207.

ein doppeltes Moment im Begriff Zeit: ein positives und ein negatives. Das positive Moment ist ihnen die Dauer, das negative die Sukzession, insofern die zeitlichen Wesen nicht alles zumal sind und haben, was sie sein und haben können, sondern es in einem kontinuierlichen Nacheinander werden. Da nun alle Vollkommenheit der Kreatur in Gott in unendlichem Maß sich finden muss, so ist auch in Gott eine Dauer anzuerkennen, und zwar im vollendetsten Sinn des Wortes. Weil aber alle Unvollkommenheit und alle Schranken von Gott auszuschließen sind, so kann die Dauer Gottes nicht in einem Nacheinander bestehen, sondern Gott dauert in unveränderlicher Weise; in ihm ist alles zumal und schrankenlos und ungeteilt. Die Ewigkeit Gottes steht darum in höchster Einfachheit und Ungeteiltheit den fließenden Zeitmomenten gegenüber. Obwohl aber Gottes Sein alle Zeit absolut ausschließt, ist seine unbegrenzte Dauer doch der Grund der Zeit. Wie jedes Sein außer ihm nur ein beschränktes ist, so kann auch jede Dauer außer ihm nur eine beschränkte sein. Und weil die körperlichen Wesen das niederste Sein besitzen, so muss sich auch ihre Dauer am meisten von der Ewigkeit Gottes entfernen. Was in Gott zumal in unendlicher Weise ist, das liegt in der körperlichen Dauer wie in einer Linie auseinander und ist nur in einem unteilbaren und unmeßbaren Jetzt wirklich. Indem so die Scholastiker die Zeit in Beziehung zur Ewigkeit Gottes brachten, erkannten sie in der Zeitlichkeit der Dinge eine Schranke ihres Daseins. Die Zeit ist eine beschränkte Dauer und hat darin ihren Grund, dass auch das Sein der Körper ein beschränktes und endliches ist und darum gemessen werden kann.[1]

1 Vgl. Kleutgen, Philos. der Vorzeit. I. Bd. Nr. 368

Siebtes Kapitel

Die äußere Zeit

Da die Zeit etwas Ausgedehntes ist, muss sie auch messbar sein, denn jede Quantität kann gemessen werden. Selbstverständlich muss dieses Maß selber wieder eine Quantität sein, weil ich die Größe der Zeit nur dadurch bestimmen kann, dass ich eine andere Größe darauf anwende oder damit in Vergleich bringe; deshalb lehrt Aristoteles, dass das Maß und das Gemessene homogen sein müssen. Ebenso ist klar, dass das Zeitmaß von der Zeit, die dadurch gemessen wird, real verschieden sein muss, denn das Maß ist immer eine bekannte Größe, während das, was gemessen werden soll, eine unbekannte Größe ist. Es ist demnach ein Widerspruch, dass etwas sein eigen Maß sei. Daraus ergibt sich abermals, wie falsch jene denken, welche die Zeit von der Sukzession der Vorstellungen herleiten, denn da gäbe es kein sicheres und allen zugängliches Maß für die Zeit. Oder wie will man den Gedankenzug von heute messen? Etwa mit dem Gedankenzug von gestern? Oder gar mit der Vorstellungsweise eines andern Menschen? Man braucht nur solches anzudeuten, um handgreiflich zu erkennen, dass nach dieser Zeitauffassung die Zeit unmessbar ist. Und doch ist allen nichts ausgemachter, als dass die Zeit ein Maß hat.

Es entsteht nun die Frage, welches das Maß für die Zeit sei. Um jedoch diese Frage ganz klarzulegen, müssen wir ein doppeltes Maß unterscheiden. Man unterscheidet ein Maß im aktiven und passiven Sinn. Unter dem aktiven Maß (mensura mensurans) versteht man jene bestimmte und bekannte Quantität, die dem zu messenden Gegenstand äußerlich ist und auf ihn angewendet wird. So messen wir mit der Elle das Tuch oder mit dem Meter die Höhe des Turmes. Das Maß im passiven Sinn (mensura mensurata) ist jenes, das der Sache selber inhäriert und sie messbar macht. In diesem Sinn ist die Linie oder Fläche an einem Körper ein passives Maß, weil dadurch der Körper messbar ist.

Es ist nicht schwer einzusehen, dass in diesem zweifachen Sinn der Begriff „Maß“ sich auf die Zeit anwenden lässt. Die Zeit ist vor allem im passiven Sinn ein Maß, denn durch sie ist die Bewegung messbar oder, was dasselbe sagen will, zählbar. Sie inhäriert der Bewegung und ist an ihr jenes Akzidens, jene Form, wodurch die Bewegungsgröße bestimmt werden kann. Aus diesem Grund haben wir oben bemerkt, dass es gleichviel sei, ob man in die

Definition von Zeit mensura motus oder numerus motus aufnehme. In unserer gegenwärtigen Frage handelt es sich jedoch nicht um das innere Maß, wodurch die Dinge messbar sind, denn in diesem Sinn haben alle Quantitäten das Maß in sich. Dadurch, dass etwas ausgedehnt ist, hat es Teile, und diese Teile sind zähl- oder messbar. Wir fragen hier nach dem äußeren oder aktiven Maß, welches uns sagt, wie groß die Dauer der zeitlichen Dinge ist.

Ehe wir jedoch dieses äußere Zeitmaß aufsuchen, dürfte es am Platz sein, uns zuvor darüber zu vergewissern, ob wir ein solches Maß nötig haben. Es scheint nämlich, dass der Verstand, der die Teile der Zeit, das prius und posterius, unterscheidet und zählt, die ganze Dauer einer Bewegung unmittelbar ohne Maß zu bestimmen vermag, indem er alle Teile der Zeitdauer zusammenzählt. Ein eigenes Zeitmaß mag bequem sein, aber unbedingt notwendig erscheint es nicht.

Es ist diesem Einwurf zuzugeben, dass für die Berechnung jener Zeitdauern, die in sukzessiver, gleichmäßiger und leicht wahrnehmbarer Bewegung verlaufen, ein eigenes Maß nicht absolut notwendig ist, da unser Verstand derartige Dauern bemessen kann. Für jene Zeitdauern hingegen, deren Bewegung verborgen ist oder ungleichmäßig verläuft, ist ein spezielles Maß unbedingt notwendig. Wer wollte die Zeit des Wachstums einer Pflanze oder die Dauer des Zersetzungsprozesses eines faulenden Körpers ohne Anwendung einer andern Dauer als Maß bestimmen? Ja, selbst für jene Zeitdauern, die regelmäßig und uns allen bekannt verlaufen und die an sich berechenbar sind, stellt sich das unabweisbare Bedürfnis eines Maßes heraus, weil niemand sich die Mühe geben würde, fortwährend die Bewegungsmomente zu zählen. Es würde eine solche Zählung die größte Aufmerksamkeit erfordern und man könnte zu gleicher Zeit sich mit nichts anderem beschäftigen. Es steht demnach fest, dass ein Zeitmaß allgemein notwendig ist.

Beim Aufsuchen dieses Maßes steht uns im Voraus fest, dass wir es in der Bewegung suchen müssen; denn die Zeit ist etwas an der Bewegung und kann darum nur durch die Bewegung gemessen werden, umso mehr, als dieselbe uns nur durch die Bewegung wahrnehmbar wird. Die Frage wird sich nur darum drehen: Welche Art der Bewegung vermag die Größe der Zeit zu berechnen? Sicher ist, dass dies nur eine gleichförmige Bewegung (motus uniformis) zu tun vermag, weil nur bei ihr die gleichen Teile der Bewegung gleichen Teilen der Dauer entsprechen. Aber auch die uniforme Bewegung reicht an sich noch nicht aus, um als Zeitmaß zu dienen. Denn ich müsste jedes Mal ihre sukzessiven Teile zählen, um darnach die anderen Bewegungen zu berechnen. Ein solches Zählen ist aber praktisch unmöglich, wie wir bereits dargetan haben. Soll demnach die gleichförmige Bewegung die Dauer der

Dinge messen, dann muss sie zugleich eine lokale Bewegung sein. Und warum? Der lokalen Bewegung ist es wesentlich, dass ihrer Größe die Größe des Raumes gleichkommt, welchen das Bewegliche mittelst seiner Bewegung durchläuft. Wenn mir deshalb bekannt ist, von welchem Punkt des Raumes die Bewegung ausgegangen ist, dann weiß ich in jedem Augenblick, ohne das Zählen zu Hilfe nehmen zu müssen, welche Größe die Bewegung bisher erlangt hat. Ich brauche nur den Raum zu messen, den die Bewegung bis zu diesem Augenblick durchgemacht hat. Kenne ich die Größe der gleichförmigen lokalen Bewegung, dann kann ich auch unschwer die Größe ihrer Dauer bestimmen, und kenne ich die Dauer der lokalen Bewegung, so kann ich an ihr die anderen Dauern oder zeitlichen Bewegungen messen, die mit ihr koexistieren. Auf solche Weise kann uns die gleichmäßige lokale Bewegung ein zuverlässiges Zeitmaß abgeben.

Gibt es nun im Universum eine solche gleichmäßige lokale Bewegung, die allen Menschen bekannt und die zugleich beständig ist, so dass sie als allgemeines Zeitmaß benützt werden kann? Darauf ist zu sagen, dass es in der Tat eine solche gleichmäßige, konstante und allen zugängliche Bewegung gibt, nämlich die Bewegung des Himmels, i. e. die Bewegung unserer Erde um die Sonne. In ihr hat uns Gott einen Universalchronometer gegeben, welcher uns die Dauer alles irdischen Geschehens und Schaffens berechnet.[1] Diese Aufgabe haben die Gestirne schon bei der Schöpfung erhalten, denn es heißt in der Genesis (I, 14): Dixit Deus: fiant luminaria in firmamento coeli, et dividant diem ac noctem, et sunt in signa et tempora, et dies et annos. In der Bewegung der Himmelskörper besitzen wir demnach ein natürliches, von der Natur selber uns gegebenes Zeitmaß. Es haben deshalb auch alle Menschen zu allen Zeiten sich dieses Maßes bedient. Wenn dieselben auch im Lauf der Jahrhunderte mancherlei künstliches Maß sich ersonnen haben, so beruht dasselbe doch auf diesem natürlichen Maß, hat es zur Voraussetzung, ahmt es nach und reguliert sich stets daran, wie wir es z. B. mit unseren heutigen verschiedenar-

1 Si aliquid quod est primum, est mensura omnium proximorum, id est omnium quae sunt sui generis, necesse est, quod circulatio, quae est maxime regularis, sit mensura omnium motum. Dicitur autem motus regularis, qui es unus et uniformis. Haec autem regularitas non potest inveniri in alteratione et augmento, quia non sunt usquequaque continui nec aequalis velocitatis. Sed in loci mutatione (lokale Bewegung) inveniri potest regularitas, quia potest esse aliquis motus localis continuus et uniformis; et talis est solus motus circularis. Et inter alios motus circulares maxime uniformis et regularis est primus motus, qui revolvit totum firmamentum motu diurno; unde illa circulatio, tanquam prima et simplicior et regularior, est mensura omnium motuum. S. Thom. in IV. Phys. lect. 23. Vergl. De San op. c. p. 557 seq.

tigen Uhren machen. Die Umlaufszeit der Erde um die Sonne ist und bleibt das primäre Maß; sie ist die Weltuhr, nach der sich alle anderen richten müssen. Die Dauer des Umschwunges der Erde um die Sonne bezeichnen wir mit Tag und sagen: Das hat so viele Tage oder Jahre gedauert. Weil wir aber diese Umlaufszeit nicht unmittelbar wahrnehmen und schätzen können und weil sie auch für die Berechnung von kleineren Zeitdauern nichts nützen würde, hat man den Tag geteilt in Stunden und diese wieder in Minuten und Sekunden, um auch die kleinsten Zeitunterschiede bestimmen zu können. Jahr, Tag, Stunde usw. geben uns demnach das, was wir äußere Zeit nennen, äußere, weil sie in den Dingen, deren Dauer durch sie gemessen wird, nicht real ist, sondern nur eine äußere Beziehung zu denselben ausdrückt. Gewiss, Dinge, deren äußere Zeit gleich ist, können eine sehr verschiedene innere Zeit haben. Je intensiver die Bewegung, desto mehr Zeit wird durchlebt in derselben Zeit. Wir können die Zeit nicht vergrößern. „Wir gewinnen nur mehr Zeit," bemerkt treffend Trendelenburg[2], „durch mehr Tätigkeit in derselben Zeit, indem wir dieselbe Zeiteinheit mit mehr Aktion des Bewusstseins füllen, dieselbe Zeit schärfer und voller durchleben, in derselben Zeit die Vorstellungen öfter umschwingen und die Tätigkeiten mannigfaltiger verrichten. Wenn das im Nu den meilenlangen Draht hinuntereilende telegraphische Zeichen jede Welle seiner Bewegung empfände, so durchlebte es, mit dem Bewusstsein des Menschen verglichen, in den Sekunden Tage. So lebten z. B. ein Aristoteles und Leibniz in ihrem kurzen Leben von gewöhnlicher Dauer mehr Zeit, als andere Sterbliche in demselben Zeitraum." In diesem Sinn hat man das Wort der Schrift zu erklären: Brevi explevit tempora multa; in diesem Sinn sagt man von einem Wüstling, der seine Lebensbewegung schnell durchjagt: Il a vécu. Kurz, das äußere Maß ist keine Werthangabe für die innere objektive Bewegung.

2 D. c. W. S. 231.

Achtes Kapitel

Ideelle, imaginäre, absolute Zeit

Dem Gesagten zufolge ist die Zeit ihrem Fundament nach in den Dingen real. Die Dinge (Körper), welche die Zeit konstituieren, kann ich mir jedoch als etwas bloß Mögliches vorstellen und dadurch erhalte ich das, was man die mögliche oder ideelle Zeit nennt, den Gedanken von im beständigen Fluss dahineilenden Wesen. Und weil die möglichen Dinge in ihrer Sukzession unendlich sind, so stellt sich die ideelle Zeit als etwas Unendliches, sine fine Fließendes dar. Mit dieser ideellen Zeit verbindet sich das Phantasma von der wirklichen, unaufhörlichen Sukzession und dadurch entsteht die imaginäre Zeit. Die Phantasie verknüpft mit dem abstrakten Begriff „Zeit" die sinnliche Vorstellung von wirklicher kontinuierlicher Sukzession und dadurch erscheint uns die Zeit gar leicht als etwas von den Dingen Getrenntes, als etwas solches, was auch dann noch wäre, wenn die Dinge nicht mehr existierten. Ist auf solche Weise die Zeit von den Dingen abgelöst, so stellt sie sich als etwas in seiner Art Einziges dar, als jenen per-petuierlichen Strom, der von Ewigkeit her fließt und in dem die Dinge auftauchen und untersinken. So gefaßt, muß man dann die Zeit als etwas Notwendiges, Unbegrenztes und Unendliches, kurz, als etwas Absolutes ansehen. Diese imaginäre Zeit, ein Produkt des Denkens und der Phantasie, hat manchen Denker irregeführt. Sie scheint der Grund gewesen zu sein, warum Kant die Zeit nicht als Begriff, sondern als eine Anschauung fassen zu müssen glaubte. Darum hören wir von ihm wiederholt, dass die Zeit nur durch „einen einzigen Gegenstand gegeben werden kann" und darum nicht Begriff, sondern Anschauung sei. Dieselbe imaginäre Zeit scheint ihm vorgeschwebt zu haben, wenn er an einer andern Stelle schreibt: „Die Unendlichkeit der Zeit bedeutet nichts weiter, als dass alle bestimmte Größe der Zeit nur durch Einschränkungen einer einigen zu Grunde liegenden Zeit möglich sei. Daher muss die ursprüngliche Vorstellung Zeit als uneingeschränkt gegeben sein. Wo aber die Teile selbst, und jede Größe eines Gegenstandes, nur durch Einschränkung bestimmt vorgestellt werden können, da muss die ganze Vorstellung nicht durch Begriffe gegeben sein, sondern es muss ihnen unmittelbare Anschauung zu Grunde liegen."[3] Fürwahr, die imaginäre Zeit als ein Sinnenbild geht nur auf einen einzigen Ge-

3 Kritik d. V. I. Bd. S. 57.

genstand, und weil dieses Phantasma den abstrakten und unbestimmten Begriff Zeit begleitet, so sind Anfang und Ende dieser Sukzession so weit auseinander gerückt, dass sie sich im Unbestimmten und Unendlichen verlieren. Alle bestimmten Zeiten erscheinen dieser schrankenlosen Zeit gegenüber als Einschränkungen, als verschiedene Teile dieser einen Zeit.

In ähnlicher Weise scheint dasselbe Phantasiegebilde Gassendi, Newton, Clarke und in neuester Zeit Dieringer irregeführt zu haben, wenn dieselben die Zeit als etwas Unkörperliches und Ewiges fassen, das der Schöpfung vorausgegangen und in welches die Schöpfung fällt. Dieringer spricht wiederholt von einer „vorweltlichen imaginären Zeit", in welcher Gott die Schöpfung ausgeführt habe; der Akt des Schaffens falle in diese „vorweltschöpferische, anfangslose Zeitlichkeit oder Quasizeitlichkeit".[4] Nur durch Annahme einer solchen „vorweltlichen" Zeit glaubt Dieringer den Anfang der Welt in der Zeit verteidigen zu können. Ohne auf die Lehre Dieringer's und der anderen Vertreter einer vorweltlichen Zeit näher einzugehen, bemerken wir nur Folgendes. Wie schon öfter dargetan, lässt sich der Begriff Zeit ohne Bewegung nicht fassen. Da nun eine kontinuierliche Bewegung ohne solches, was sich bewegt, i. e. ohne Körper, absolut unmöglich ist, so ist auch eine reale Zeit ohne die beweglichen Dinge undenkbar. Vor der Schöpfung gab es aber keine sich bewegenden Wesen, folglich auch keine Zeit, ebenso wenig, als die Zeit bleiben könnte, wenn alle Körper in's Nichts zurückgerufen würden. Man kann nur in dem Sinn sagen, die Welt sei in der Zeit geschaffen worden, wenn man unter Zeit die mögliche oder ideelle (auch reine) Zeit versteht, nach welcher vor dem Moment, in welchem die Welt entstanden ist, andere Momente möglich waren, so dass die Welt mit einem solchen Moment der series infinita zusammenfällt. Spricht man dagegen von der realen Zeit, dann muss man sagen: Die Welt ist „mit" der Zeit geschaffen worden. Die Zeit ist demnach etwas Geschaffenes, eine Kreatur und hat, wie alles Geschaffene, einen Anfang.[5]

Nach den vorausgehenden Erörterungen dürfte es einleuchten, dass die imaginäre oder absolute Zeit in keiner Weise wirklich ist und auch nicht wirklich werden kann. Daraus dürfen wir jedoch nicht folgern, dass die Vorstellung von absoluter Zeit lediglich eine Illusion und darum für die Wissenschaft zu verwerfen sei. Da ihr der wahre Begriff von Zeit zu Grunde liegt, so kann sie recht wohl als wissenschaftliche Voraussetzung und als mathematisches

4 Vgl. Kleutgen, Zu meiner Rechtfertigung. Münster 1868. S. 104ff

5 Vergl. S. August., De Civit. Dei 1. XI. c. 6. und Confess. 1. XI. c. 30 u. 31.

Hilfsmittel eine Verwendung finden. In diesem Sinn hat schon Newton und neuerdings Liebmann die „absolute“ Zeit als ein notwendiges Resultat für die mathematischen Wissenschaften hingestellt. „Sie ist ein theoretischer Machtspruch“, schreibt Letzterer[6], „ein Postulat der mathematischen Vernunft. Will man nicht allen Boden unter den Füßen verlieren, will man nicht unsere phoronomischen (auf reine Ortsveränderung bezüglichen) Fundamentalbegriffe, Galilei's lex inertiae, und die bekannten apriorischen Relationen zwischen Raum, Zeit, Geschwindigkeit, Beschleunigung, auf denen unsere gesamte mathematische Naturphilosophie beruht, über den Haufen werfen, so sieht man sich, unter Abstraktion von jedem empirischen Maßprinzip, genötigt, zur Idee einer von allem Wechsel, von den Unregelmäßigkeiten so gut des äußeren, wie des inneren Geschehens völlig emanzipierten, absoluten Zeit, welche schlechthin gleichmäßig dahinfließt, seine Zuflucht zu nehmen. Diese absolute Zeit bildet mit der absoluten Bewegung und dem absoluten Raum eine Trias theoretischer Grundideen, auf welcher das ganze, fein gegliederte Lehrgebäude der mathematischen Naturwissenschaft ruht.“[7]

6 Analysis der Wirklichkeit. S. 87.

7 Vergl. Pesch, Die Welträtsel. I. Bd. S. 704.

Neuntes Kapitel

Die äviterne Dauer

Zwischen der ewigen und zeitlichen Dauer liegt, wie bereits bemerkt, das *aevum* in der Mitte. Es ist die Dauer jener Wesen, die zwar im Sein keine Veränderung und Umwandlung erfahren, jedoch im Tätigsein sich ändern. Der Art ist die Dauer der geistigen Substanzen, die wegen der Inkorruptibilität ihrer Natur nur in ihrer Tätigkeit eine Sukzession erleiden. Aber auch diese Sukzession der auf einander folgenden Gedanken- und Willensakte ist keine kontinuierliche, sondern eine diskrete, weil die auf einander folgenden Akte voneinander getrennt sind und nicht ein fließendes Ganzes bilden; jeder Gedanke und Willensakt ist vom vorausgehenden und folgenden nach seinem ganzen Sein getrennt. Wenn auch ein Akt sehr lange bleibt, so bleibt er als unveränderlich und nicht als Bewegung, da Denken und Wollen an sich keine Bewegungen sind und darum auch nicht in die Zeit fallen. Der hl. Thomas gibt den Unterschied der dreifachen Dauer mit folgenden klaren Worten[8]: Dicendum est, quod, cum aeternitas sit mensura esse permanentis, secundum quod aliquid recedit a permanentia essendi, secundum hoc recedit ab aeternitate. Quaedam autem sic recedunt a permanentia essendi, quod esse eorum est subjectum transmutationis vel in transmutatione consistit; et hujusmodi mensurantur tempore, sicut omnis motus et etiam esse omnium corruptibilium. Quaedam vero recedunt minus a permanentia essendi, quia esse eorum nec in transmutatione consistit nec est subjectum transmutationis; tamen habent transmutationem adjunctam vel in actu vel in potentia: sicut patet de angelis, qui scilicet habent esse intransmutabile cum transmutabilitate secundum electionem, quantum ad naturam eorum pertinet, et cum transmutabilitate intelligentiarum et affectionum et locorum suo modo; et ideo hujusmodi mensurantur aevo, quod est medium inter aeternitatem et tempus. Esse autem quod mensuratur aeternitate, nec est mutabile nec mutabilitati adjunctum. Sic ergo tempus habet prius et posterius; aevum autem non habet in se prius et posterius, sed ei conjungi possunt; aeternitas autem non habet prius neque posterius, neque ea compatitur.

Gegenüber dieser Lehre des Aquinaten wurde sowohl im Mittelalter, als in der neueren Zeit die Frage diskutiert, ob nicht auch die Dauer des äviternen

---

8 S. Th. I. q. 10. a. 5.

Seins, abgesehen von der Sukzession der Tätigkeit, eine Sukzession einschließe. Einzelne Lehrer beantworteten die Frage dahin, dass auch das substantiale Sein der äviternen Kreatur nicht ohne Sukzession dauere, da man doch nicht wohl annehmen könne, die geistige Substanz habe ihre Dauer zumal. Dieselben waren nur darüber nicht einig, welche Art von Sukzession der substantialen Dauer zukomme. Die einen, wie z. B. Silvester Maurus[9] und Ulloa, wollen im äviternen Sein ebenfalls eine kontinuierliche Sukzession finden, wie im zeitlichen Sein. Dagegen halten es andere, wie z. B. Bonaventura, Duns Skotus, Arriaga, de Lugo, sowie die Conimbricenser und neuestens de San, schlechterdings für unmöglich, dass die äviterne Dauer eine kontinuierliche Aufeinanderfolge sei. Die geistigen Substanzen, bemerken diese Lehrer, haben ein Sein höherer Art, das dem Sein der Körper geradezu entgegengesetzt ist; notwendig muss dann dieses höhere Sein in anderer, höherer Weise dauern, als das körperliche Sein, folglich kann die Dauer des reinen Geistes nicht in einer fließenden Sukzession bestehen. Umso weniger kann dies der Fall sein, als die kontinuierliche Sukzession ohne Bewegung nicht denkbar ist, da gerade in der stetigen Aufeinanderfolge das Formale der Bewegung liegt; die geistigen Substanzen haben jedoch keine Bewegung, weil sich nur das bewegt, was aus Materie und Form zusammengesetzt ist, folglich ist es unmöglich, dass sich im Aevum eine kontinuierliche Sukzession findet.

Andererseits glauben diese Letzteren, festhalten zu müssen, dass auch die Dauer des geistigen Seins Teile habe, denn die eine geistige Substanz dauert länger, die andere kürzer. Eine längere Dauer kann aber nur darin bestehen, dass das Sein einen Zuwachs, mehr Teile seiner Dauer erlangt hat. Ebenso wird niemand behaupten, dass die ganze Dauer der geistigen Substanz mit allen möglichen und wirklichen Zeitmomenten koexistiere, was der Fall wäre, wenn sie ihre Dauer zumal besäße; folglich, sagen sie, müssen wir schließen, dass auch die geistige Kreatur in sukzessiver und teilbarer Weise dauere, nur mit dem Unterschied, dass die Sukzession keine kontinuierliche ist und folglich die Teile nicht selber wieder teilbar sind. Demnach muss man sagen: Die Sukzession in der äviternen Dauer ist eine diskrete und besteht aus unteilbaren Momenten — ex indivisibilibius quandocationibus.[10]

Obwohl die vorgebrachten Gründe umso weniger belanglos sind, als sie von hervorragenden Männern vorgebracht werden, so halten wir doch mit dem englischen Lehrer fest, dass das Sein des Aevums jede Sukzession aus-

9 Quaest. philos. t. II. qu. 32.

10 Vergl. De San, 1. c. p. 532ff.

schließt. Der hl. Thomas gibt hiefür einen schlagenden Grund an, indem er sagt: wo immer eine Sukzession ist, da muss es Teile geben, die früher sind, und Teile, die später sind. Diese Teile können selbstverständlich nicht zumal sein, sondern der kommende Teil entsteht de novo, wenn der andere schon vorüber ist. Würde nun die Engelsubstanz in solcher Weise dauern, so müsste sie immer Teile ihres Seins verlieren und andere Teile müssten neu entstehen. Nun ist aber das Sein des reinen Geistes einfach, unteilbar und unveränderlich, folglich kann es nicht in sukzessiver Weise dauern.[11] Da sich die Dauer nach dem Sein zu richten hat, so ist klar, dass das unveränderliche Sein des Geistes nicht in veränderlicher Weise dauern kann; es kann nicht altern, aber auch sich nicht erneuern.

Wenn aber auch das äviterne Sein jede innere Sukzession ausschließt, so kann sich doch eine äußere Sukzession damit verknüpfen, und zwar aus einem doppelten Grund. Obschon nämlich das Aevum alles zumal hat, so ist es doch eine geschaffene Dauer, d. h. eine solche, die so angefangen hat, dass sie auch nicht hätte anfangen können, und die jeden Moment aufhören kann, weil Gott sie zu annihilieren vermag. In dieser Abhängigkeit vom göttlichen Sein gründet es, dass ein Engel, der jetzt geschaffen würde, eine geringere Dauer hätte, als der, welcher vom Anfang der Welt geschaffen worden wäre, und ebenso derjenige Engel kürzer dauern würde, der jetzt vernichtet würde, als der, welcher nicht vernichtet würde. Allein diese größere oder geringere Dauer verursacht durchaus keine innere Sukzession, sondern hat nur, wie schon bemerkt, darin ihren Grund, dass Gottes Macht den einen Geist länger, den anderen weniger lang im Sein erhält.[12] Jeder reine Geist dauert in sich wandellos, nur der erhaltenden Macht Gottes gegenüber entsteht eine größere oder geringere und eine frühere und spätere Dauer. Einen weiteren Grund für die mit dem Aevum verträgliche Sukzession bildet der Umstand, dass dasselbe ob der Beschränktheit seines Seins mit allen Teilen der Zeit nicht zumal koexistieren kann, sondern den früheren Teilen früher, den späteren später koexistiert. Aber auch diese Sukzession berührt nicht die äviterne Dauer, sondern ist ihr äußer-

11 Esse angeli, quod aevo mensuratur, est indivisibile variatione carens, et ideo aevum prius et posterius non habet. In II. Sent. dist. 2. qu. 1. a. 1.

12 Hoc plus vel minus durationis non est ratione alicujus successionis intrinsecae, sed ratione extrinsecae dependentiae a causa libera conservante, ratione cujus etiam angelus hodie durans nondum duravit cras, quia potest cras annihilari. Joann. a. St. Th. 1. c. art. 2. In gleichem Sinn sagt der hl. Thomas: Quod licet aevum non habeat prius et posterius quantum ad ea, quae mensurat, nihil tamen prohibet, quin unum altero prius participet. Qu. disp. de Potent. qu. 3. a. 10. ad 9.

lich, ähnlich wie ein im Wasser feststehender Baum nicht allen Teilen des vorüberfließenden Wassers koexistent ist, sondern es sukzessiv wird, indem er die kommenden Teile erwartet. Dadurch unterscheidet sich das Aevum wesentlich von der Ewigkeit, welche sowohl jedem einzelnen Zeitteil, als der ganzen Zeit zumal koexistiert, und wie keine vergangenen, so auch keine kommenden Dinge kennt, sondern alle in unveränderlicher Weise zumal umfasst, ähnlich, um abermals das Bild des Joh. a St. Thoma zu gebrauchen, wie ein Baum von solcher Größe und solchem Umfang, dass er alles Wasser des vorübereilenden Flusses zumal berühren würde, allen Wasserteilen koexistent wäre, ohne dass es für ihn fließende Teile gäbe.

Wenn wir nunmehr fragen, ob und inwieweit auch die Menschenseele ävitern sei, so kann es dem Gesagten zufolge keinem Zweifel unterliegen, dass die menschliche Seele, für sich betrachtet, als geistige Substanz in äviterner Weise dauert, da sie im Sein unveränderlich bleibt. Desgleichen muss man sagen, dass sie in ihrer höheren Tätigkeit, im Denken und Wollen, ebenfalls dem Aevum angehört. Der hl. Augustin, Bonaventura und auch der hl. Thomas behaupten wohl an einzelnen Stellen, dass die Engel und die Menschenseele zwar ihrem invariablen Sein nach eine äviterne Dauer haben, jedoch rücksichtlich ihrer variablen Tätigkeit in die Zeit fallen. Allein wenn diese Lehrer so reden, dann nehmen sie die Zeit im uneigentlichen, analogen Sinn, insofern wir den Begriff Zeit auch dort anwenden, wo wir immer einen Wechsel wahrnehmen und ein prius und posterius vorhanden ist. Vom hl. Thomas können wir dies ganz sicher behaupten, da derselbe, von dieser doppelten Bedeutung der Zeit redend, sagt (in I. S. dist. 8. qu. 3. ad 4.): Alio modo dicitur tempus magis communiter numerus ejus quod habet quocunque modo prius et posterius; et sic dicimus esse tempus mensurans simplices conceptiones intellectus, quae sunt sibi succedentes: et istud tempus non oportet, quod habeat continuitatem, cum illud secundum quod attenditur motus, non sit continuum. Et sic accipitur hic tempus et frequenter a theologis.[13] In diesem weiteren Sinn müssen deshalb jene Stellen erklärt werden, in welchen der heilige Lehrer behauptet, dass die Tätigkeit des reinen Geistes und der Menschenseele von der Zeit gemessen werden.

13 In diesem Sinn erklärt er auch den hl. Augustin, wenn er sagt: Intellectus est supra tempus, quod est numerus motus corporalium rerum. Sed ipsa pluralitas specierum intelligibilium causat vicissitudinem quandum intelligibilium operationum, secundum quam una operatio est prior altera; et hanc vicissitudinem Augustinus nominat tempus, cum dicit quod „Deus movet creaturam spiritualem per tempus." S. th. I. qu. 85. a. 4. ad 1.

Suarez glaubt, dass die Tätigkeit der reinen Geistwelt, sowie der Menschenseele ebenfalls in einer kontinuierlichen Sukzession verlaufe, wie die körperliche Tätigkeit, und demnach sich auch dort die Zeit finde. Da aber Denken und Wollen geistige Akte sind, so müsse auch ihre Dauer eine geistige sein und demnach sei die Zeit der Geistwelt und der Menschenseele eine geistige — tempus spirituale. Er nimmt deshalb außer dem aevum, welches dem Sein der geistigen Substanzen zukommt, noch eine geistige Zeit an, in welche die geistige Tätigkeit fällt.[14]

Ohne uns auf diese Ansicht näher einzulassen, die auch die des hl. Bonaventura zu sein scheint[15], bemerken wir, dass wir schlechterdings nicht begreifen können, wie auch in den geistigen Akten sich das finden sollte, was wir unter der succedierenden Bewegung verstehen. Zu Letzterer gehört wesentlich Raum und Ausdehnung, was der geistigen Welt nicht zukommt. Auch wenn die geistige Substanz einen und denselben Erkenntnis- oder Willensakt steigern und intensiver üben kann, so geschieht dies doch nicht durch eine kontinuierliche Sukzession, weil von dem weniger intensiven Akt zu dem mehr intensiven kein medium führt, sondern mit dem Aufgeben des terminus a quo ist schon der terminus ad quem erreicht. Die Ansicht des Suarez dürfte sich mit der des englischen Lehrers leicht versöhnen lassen, wenn man mit Letzterem annimmt, dass unser Denken in der Geistwelt etwas Analoges findet und darum den Begriff Zeit auch dort zur Anwendung bringt, wo keine Zeit, sondern bewegungsloser Wechsel[16] ist. Suarez scheint das Hypothetische seiner Lehre gefühlt zu haben, denn er schreibt, dass eine solche kontinuierliche Sukzession der Tätigkeit, welche die geistige Zeit setzt, den Engeln nicht ganz

14 Vergl. disp. Met. disp. 50. s. 8. n. 7. u. 8.

15 Tempus dicitur tripliciter, communiter et proprie et magis proprie. Communiter secundum quod dicit mensuram de non esse ad esse; et hoc modo est in omnibus, quia omnia initium habuerunt ... Alio modo proprie, prout importat variationem, sive in substantia, sive in affectione; et sic adhuc substantia spiritualis habet tempus quantum ad mutationes affectuum. Tertio modo magis proprie, prout est mensura excedens; et sic est corruptibilium et non omnium. Exposit. in ecclesiast. c. 3. v. 1.

16 In dieser Beziehung lehrt auch Joh. a St. Thoma eine tempus spirituale, wenn er schreibt: Tempus spirituale non est aliud, quam pluralitas operationum, quarum quaelibet indivisibiliter durat in se, quia successiva non est, et hoc modo datur tempus in operationibus angelorum. Curs. Philos. t. II. qu. 18. a. 1.

natürlich, geschweige denn notwendig sei, aber ihre Annahme enthalte keinen Widerspruch.[1]

So wahr es ist, dass die Seele sowohl ihrem Sein als Tätigsein nach ävitern ist, ebenso wahr ist es aber auch, dass sie zeitlich ist. Die Seele ist nämlich Formalprinzip des menschlichen Leibes und als solches fällt sie der Zeit anheim. Wie jedes körperliche Kompositum, so dauert auch das menschliche in der Zeit, nicht als ob die Seele die Zeitlichkeit brächte, sondern umgekehrt, weil sie einem Stoff das Sein gibt, dessen erste Eigenschaft die Ausdehnung ist, welche die sukzessive Veränderung nach sich zieht.[2] Und weil die Seele substantiale Form des Leibes ist, darum übt sie einen Teil ihrer Tätigkeit durch körperliche Organe. Diese organische Seelentätigkeit kann selbstverständlich ohne körperliche Bewegung nicht stattfinden und darum ist all diese Tätigkeit eine zeitliche. Wie am Menschenleib die Zeit nagt, so wird auch all sein Empfinden und sein Leben von der Zeit gemessen. So offenbart sich auch hier wieder die Doppelnatur des Menschen, in Folge deren er, die Körper- und Geistwelt in seinem Sein vereinigend, auch in doppelter Weise dauert, weshalb die Alten mit Recht sagten, er stehe am Horizont von Zeit und Ewigkeit.[3]
keit.[3]

1 Quamquam hic modus operandi non sit angelo necessarius nec fortasse multum accomodatus naturae illius; nam facillime potest toto conatu sibi connaturali operari: tamen simpliciter non repugnat subestque angelicae voluntati, quia non plus conatur in his actibus, quam vult. L. c. n. 7.

2 Anima mensuratur tempore secundum esse quo unitur corpori, quamvis prout consideratur ut substantia quaedam spiritualis, mensuretur aevo. S. Th. quaest. disp. de Pot. qu. 3. a. 10. ad 8.

3 Et ideo dicitur a quibusdam in horizonte aeternitatis et temporis. Alb. Mag. de unit. intell. c. Averroem.

Zweiter Abschnitt

Die Lehre vom Raum

Wenn Bender in seiner Abhandlung „Über die Idealität von Raum und Zeit"[1] mit den Worten beginnt: „Die Stunde, in der Kant sich zum ersten Mal die Frage nach der Natur des Raumes und der Zeit vorlegte, war epochemachend und für die Gesamtrichtung des modernen philosophischen Denkens von entscheidender Bedeutung," so hat er damit eine unbezweifelbare Wahrheit ausgesprochen. Nur müssen wir dieses „epochemachend" auf die Verwirrung beziehen, die seit Kant bezüglich der Frage um die Natur von Raum und Zeit geradezu riesig geworden ist. Ganz besonders gilt dies vom Raum. Mochten die alten Philosophen über den Raum noch so sehr differieren, mochten sie ihn für etwas Volles oder Leeres halten, so kamen sie doch alle darin überein, dass er etwas Reales sei. Kant erklärt zum ersten Mal, dass der Raum außer unserm Vorstellen nichts ist; die Dinge werden nur durch unser Vorstellen räumlich und ausgedehnt. Doch wir wollen unserer diesbezüglichen historischen Skizze nicht vorgreifen; wir wollen damit nur andeuten, dass auch in dieser Lehre die Schwierigkeiten hauptsächlich durch die neuzeitliche Philosophie verursacht worden sind, und dass deshalb unsere Untersuchung über die Natur des Raumes der über die Zeit parallel geht. Demnach werden wir auch hier zuvor die verschiedenen Raumtheorien, namentlich der Neuzeit, aufführen und daran die Rechtfertigung der alten Lehre vom Raum knüpfen.

1 Zeitschrift für Philosophie und philosophische Kritik. Bd. 87. S. 1ff.

Erstes Kapitel

Die verschiedenen Raumtheorien

Ob der Analogie von Zeit und Raum können wir die verschiedenen Ansichten über den Raum unter dieselben drei Klassen bringen, die wir bei der Zeit kennen gelernt haben. Die einen halten den Raum für etwas Reales, jedoch von den Dingen Unabhängiges; die anderen hingegen erkennen im Raum nur ein subjektives Gebilde unserer Erkenntniskraft, während eine letzte Klasse den Raum an den Dingen real sein lässt.

Diejenigen, welche den Raum als eine von den Körpern unabhängige Realität bezeichnen, kommen darin überein, dass derselbe etwas Absolutes, Ewiges und Unermessliches sei, das weder geschaffen ist, noch je vernichtet werden kann. Dieser Raum ist ihnen wesentlich etwas Leeres und als solches das notwendige Receptaculum für die Körper, ohne welches Letztere wie nicht existieren, so auch nicht wirken könnten. Dieses unermessliche Vakuum ist dreifach ausgedehnt und, weil seine Teile sich nicht trennen lassen, ungeteilt und unbeweglich.

In alter Zeit haben die Atomisten Leucipp, Demokrit, Epikur und Lukrez einen solchen Raum verteidigt. In der Natur gibt es nur ein Vakuum und Körper, die sich in demselben bewegen. In neuerer Zeit hat Gassendi wie den Atomismus des Epikur überhaupt, so auch dessen Raumlehre wieder erneuert. Der unerschaffene Raum ist ihm, analog wie die Zeit, etwas für sich Bestehendes, jedoch weder Substanz noch Akzidens, sondern ein unkörperliches Sein ganz eigener Art, das sich unermesslich in die Länge, Breite und Tiefe dehnt.

Locke lässt die Raumvorstellung durch den Gesichts-und Tastsinn entstehen, indem diese beiden Sinne den Abstand der Körper wahrnehmen. Der Raum fällt ihm jedoch nicht mit dem Körper zusammen, sondern er ist etwas vom Körper Verschiedenes; die Körper sind im Raum als in ihrem Behälter. Der Raum erstreckt sich deshalb über die äußersten Grenzen der Körperwelt hinaus, er ist unermesslich und unendlich. Er glaubt dies handgreiflich durch die Bemerkung beweisen zu können: „Ich frage, ob, wenn jemand von Gott an das Ende der körperlichen Dinge gestellt würde, er nicht seine Hand über seinen Körper hinausstrecken könnte? Könnte er es, so bringt er seinen Arm dahin, wo vorher ein Raum ohne Körper war, und wenn er da seine Finger spreizte, so würde wieder ein Raum zwischen denselben ohne Körper sein

…"[2] Die Existenz des leeren, unendlichen Raumes kann demnach gar nicht angezweifelt werden. Wenn wir ihn aber fragen, was für ein Sein dieser Raum ist, dann antwortet er uns, „dass ich es nicht weiß und dass ich mich dessen so lange nicht schämen werde, als die Fragenden mir nicht eine klare und deutliche Vorstellung von der Substanz bieten."[3]

Von einer lediglich geometrisch-physikalischen Betrachtung des Universums ausgehend, gelangte auch Newton zu einem absoluten, unendlichen und unbeweglichen Raum. Diesen Raum fasst er ebenfalls als leer, als einen Behälter für die Körper. Ort ist ihm deshalb nur der bestimmte Raum, den ein Körper einnimmt. Über die Bestimmung des Verhältnisses dieses absoluten Raumes zu Gott drückt sich Newton sehr missverständlich aus. Es finden sich bei ihm Äußerungen, in denen er Zeit und Raum geradezu auf Gott überträgt. „Dadurch, dass Gott immer und überall existiert, bildet er Dauer und Raum, Ewigkeit und Unendlichkeit."[4] Liest man hinwiederum seine schönen Gedanken über Gott, den Herrn der Welt, der, verschieden von allem Körperlichen, gleichwohl alles im Universum zweckmäßig gebildet hat, dann muss man wieder sehr zweifeln, dass ihm der starre, unbewegliche Raum eine Eigenschaft Gottes sein soll.

Was bei Newton manchem noch zweifelhaft erscheinen mag, das ist bei Clarke ausgemachte Lehre. Der Raum ist nicht bloß unendlich und unbeschränkt, er ist auch eine Folge der Existenz Gottes. „Angenommen", sagt er, „es gäbe keine Kreatur, so würde die Ubiquität Gottes und die Kontinuation seines Daseins machen, dass Raum und Dauer genau die nämlichen wären, wie jetzt." Dem vollständig gerechtfertigten Einwurf des Leibniz, dass auf solche Weise, da in Gott Wesenheit und Attribut identisch sind, der Raum das Wesen Gottes ausmache, glaubt Clarke durch den nichtssagenden Beweis zu entgehen: „Der Raum ist eine Eigenschaft oder Folge der Existenz eines unendlichen und ewigen Wesens; der unendliche Raum ist die Unermesslichkeit, die Unermesslichkeit aber ist nicht Gott, folglich ist der unendliche Raum nicht Gott."

So auffallend solche Lehren erscheinen, so war es doch nur Konsequenz, welche zu ihrer Annahme zwang. Als christliche Denker konnten sie nicht den ewigen, unermesslichen und unendlichen Raum als ein eigenes Sein neben Gott behaupten, sondern legten ihren absoluten Raum Gott selber als Prädikat

2 Über den menschlichen Verstand. II. Buch. Kap. 13. § 21.

3 Ebend. § 17.

4 Vgl. Baumann, d. c. W. I. S. 512.

bei. Der darin liegende Widerspruch kam ihnen umso weniger zum Bewusstsein, als vor ihnen bereits der große Philosoph Spinoza die unendliche Ausdehnung oder den Raum zu einem notwendigen Attribut des absoluten Seins gemacht hatte.[5]

Wir würden diese Irrtümer weniger ausführlich behandeln, wenn sie sich nicht bis auf unsere Zeit vererbt hätten. Nicht unwesentlich trug hiezu Euler bei durch seine Abhandlung vom Jahr 1748: „Réflexions sur l'espace et le temps", in welcher er, wie eine absolute Zeit, so auch einen absoluten Raum verteidigte. Dieser absolute Raum ist etwas Reales, jedoch sinnlich nicht wahrnehmbar; er ist ein unsichtbares, geistiges Wesen. Bekanntlich hat Kant an diese Euler'schen Gedanken angeknüpft und in seiner Schrift: „Vom ersten Grund des Unterschiedes der Gegenden im Raum" den Satz ausgesprochen, „dass der absolute Raum, unabhängig vom Dasein aller Materie und selbst als der erste Grund der Möglichkeit ihrer Zusammensetzung, eine eigene Realität habe."[6]

Nachdem auf solche Weise die größten Naturforscher und Philosophen für den absoluten Raum eingetreten waren, dürfen wir uns nicht wundern, wenn derselbe der heutigen Wissenschaft etwas ganz Geläufiges ist. Wir erinnern nur an die Namen Gauß, Riemann, Helmholtz, Zöllner, Neumann, Fechner, Weber, deren Raumtheorien wohl nicht miteinander übereinstimmen, die aber alle auf dem absoluten Raum sich aufbauen. Am verbreitetsten, namentlich im Kreis der Naturforscher, dürfte die sogenannte Riemann'sche Raumlehre sein, über die wir noch speziell zu sprechen haben. Zöllner glaubt diesen absoluten Raum bereits experimentell nachweisen zu können; er will in den spiritistischen Phänomenen Tatsachen besitzen, „welche die Existenz einer vierten Dimension jenes realen absoluten Raumes beweisen sollen."[7] Der dreidimensionale Raum ist nach ihm nur ein Teil des absoluten Raumes, welcher vierdimensional ist. Jubelnd verheißt er uns den Anbruch einer „Transzendentalphysik" und bezeichnet bereits ihren Unterschied von der „Experimentalphysik".[8] Wir unterlassen es hier, diese neue Errungenschaft auf ihren Wert zu prüfen und gehen zu jener Richtung über, die den Raum lediglich als etwas Subjektives, als eine Anschauung oder Gedankenform betrachtet.

5 Extensio attributum Dei est sive Deus est res extensa. Eth. pars. II. prop. 2.

6 Bd. II. S. 386. Ausg. v. Hartenstein.

7 Vergl. Wissensch. Abhandlung. II. Bd. 2. Abt. „Zur Metaphysik des Raumes". S. 904.

8 D. c. W. III. Bd.

Den Reigen eröffnet Kant. Ihm ist der Raum etwas a prori im Geist Vorhandenes, zwar nicht als Begriff, aber als reine Anschauung. Wie die Zeit die Anschauung der inneren Sinnlichkeit, so ist der Raum die Anschauung der äußeren. Die Körper sind an sich nicht im Raum, sie werden nur dadurch räumlich, dass sie Gegenstand unserer Sinneserfahrung sind. „Der Raum", sagt Kant, „ist eine notwendige Vorstellung a priori, die aller äußeren Anschauung zu Grunde liegt. Man kann sich niemals eine Vorstellung davon machen, dass kein Raum sei, ob man sich gleich ganz wohl denken kann, dass keine Gegenstände darin angetroffen werden."[9] Weitere Belegstellen brauchen wir auch hier nicht anzuführen, da über seine Raumlehre kein Zweifel vorhanden ist.

Ist nach Kant der Raum nur etwas Subjektives, so entbehrt er doch nicht aller objektiven Beziehung; er ist ja eine Form des äußeren Sinnes. Ob im System Kant's die Unterscheidung von äußerer und innerer Anschauung noch Platz hat, das kümmert uns hier nicht; so viel steht fest, dass der Königsberger Philosoph durch die Raumvorstellung Äußeres erfahren will. Dagegen hat ein großer Teil seiner Schüler diese Beziehung aufgegeben und den Raum zu einer reinen Vorstellung ohne alle Beziehung zur Außenwelt gemacht. Um alle anderen zu übergehen, erwähnen wir aus unseren Tagen nur Kuno Fischer, der sich diesbezüglich äußert: „Alles was wir wahrnehmen oder empfinden, ist in uns. Es wird außer uns vorgestellt, indem wir es räumlich unterscheiden. Dadurch wird es äußerer Gegenstand der Wahrnehmung, und erst dadurch wird die Wahrnehmung selbst eine äußere. Der äußere Sinn ist nichts anderes, als die räumlich vorstellende Wahrnehmung."[10]

Die Widersprüche und Absurditäten, welche ein objektiver unermesslicher, leerer Raum einschließt, waren schon für Kant eine Hauptursache, den Raum subjektiv zu fassen. Dieselben Widersprüche veranlassen bis zur Stunde manchen Denker, den Raum aus der Reihe des realen Seins zu streichen. Jüngst hat dies wieder Isenkrahe getan, der jedoch in keiner Weise zu den Kantianern zählt. Nachdem er diese Widersprüche aufgedeckt, bemerkt er: „Aus allem Gesagten dürfen wir wohl den Schluss ziehen, dass die Ansichten, wonach der leere Raum ein Etwas, ein Positives, eine irgendwie geartete Realität ist, unbedingt aufgegeben werden muss. Ist er aber keine Realität, so ist er eben Nichts. Ist der leere Raum Nichts, so ist der erfüllte auch Nichts, da das Nichts nicht erfüllt werden kann. Es existiert überhaupt kein Raum. Wir streichen ihn

9 Kritik d. r. V. I. Bd. S. 46 der cit. Ausg.

10 Gesch. der neueren Philosophie. III. Bd. S. 346.

aus der Reihe der Existenzen."[1] Demnach definiert derselbe den Raum in negativer Weise: „Raum für einen Körper ist die Abwesenheit eines andern von gleicher Größe, und Raum überhaupt ist Körperabwesenheit."[2]

Mehr im Geiste Kant's haben viele andere in unseren Tagen einen gemäßigten Idealismus angebahnt. Zeit und Raum sollen zwar Produkte unseres Denkens sein, jedoch sich auch mehr oder minder objektiv bewahrheiten. Hierher gehören unter anderen die hervorragenden Namen eines Lange, Lotze, Ueberweg und Trendelenburg. Dieselben betrachten Raum und Zeit zwar nicht als eingeborene, „fertige Formen, die nur durch unsern Verkehr mit den Dingen sich mit Stoff zu füllen haben"; aber sie sind doch Formen, „welche vermöge organischer Bedingungen sich aus unserm Empfindungsmechanismus notwendig ergeben."[3] Das will sagen: Wir gewinnen den Begriff Raum nicht aus den räumlichen Dingen, sondern wir sind von Natur aus so veranlagt oder organisiert, den Sinneseindruck räumlich zu gestalten. „So bringen wir", schreibt Lotze, „uns eingeboren, die anschaulichen Formen des Raumes und der Zeit jenen Eindrücken entgegen, deren gegenseitige Verhältnisse sich nun für uns in das Nach- und Nebeneinander der sinnlichen Erscheinungswelt verwandeln."[4] Ueberweg lässt allerdings die Raumvorstellung in einem viel weiteren Sinn real sein; er polemisiert gegen Schleiermacher, der den Inhalt der Sinneswahrnehmung als etwas Ordnungsloses, ein chaotisches Mannigfaltiges („chaotische Materie") bezeichnet, das erst durch das Denken zum Raum erhoben werden muss; ihm sind im Gegenteil die Dimensionen der Raumvorstellung auch objektiv in den Dingen, denn „die Räumlichkeit und Zeitlichkeit des Wahrnehmungsbildes korrespondiert der eigenen Räumlichkeit und Zeitlichkeit der objektiven Realität."[5]

In gleicher Weise hält Trendelenburg Zeit und Raum für reine Anschauungen, die nicht aus der Erfahrung stammen, sondern erst die Erfahrung ermöglichen; aber gleichwohl sollen Zeit und Raum sich auch in den Dingen finden. Und warum? Weil die ursprüngliche, Subjekt und Objekt übergreifende Bewegung die Zeit des Anschauens und der Dinge erzeugt hat. „Wenn wir hiernach", schreibt er[6], „Bewegung und Raum und Zeit reine Anschauungen

1 Idealismus oder Realismus. S. 123.

2 Ebend. S. 125.

3 Lange in seiner „Geschichte des Materialismus". Bd. II. S. 36. 2. Aufl.

4 Mikrokosmos. 3. Aufl. S. 254.

5 System der Logik. 4. Aufl. S. 86.

6 Logische Untersuchungen. I. Bd. S. 225.

nennen, so geschieht es nicht in der Absicht, um damit einen feindlichen Gegensatz gegen die Erfahrung zu bilden. Es werden vielmehr nach unserer ersten Voraussetzung die Bewegung und durch die Bewegung die ersten Erzeugnisse derselben, Raum und Zeit, alles Daseiende beherrschen. Wir nennen sie reine Anschauungen, inwiefern sie in uns, von der Erfahrung nicht bedingt, als Bedingung der Erfahrung zu Grunde liegen. Sie sind subjektiv, reine Anschauungen, ohne dadurch objektiv an Wirklichkeit einzubüßen." Ohne uns hier auf eine Kritik einzulassen, halten wir uns doch zur Frage berechtigt, woher denn Trendelenburg wisse, dass aus der ursprünglichen Bewegung der objektive und subjektive Raum, sowie die äußere und innere Zeit herfließen. An einer andern Stelle[1] behauptet er allerdings: „Soweit die Dinge aus Bewegung entstanden sind, tragen sie den Raum wie ein eigentümliches Erbteil an sich. Die Zeit wird nicht aus dem inneren Zustand der Seele in die Dinge hineingeworfen; sondern inwiefern sich diese bewegen, ist die Zeit darin und ihre eigene Tat." Allein dies ist nur richtig, wenn seine Voraussetzung feststeht, „dass die Bewegung die erste Tätigkeit des Denkens und des Seins sei." Diese Voraussetzung ist aber ebenso willkürlich, als die des Hegel, dass Sein und Denken identisch ist. Sie wird schon durch die einfache Erwägung beseitigt, dass das Denken sich nicht durch Bewegung vollzieht, am allerwenigsten durch eine Bewegung, wie sie dem Sein eignet.

Im selben Fahrwasser des gemäßigten Idealismus schwimmen auch fast alle heutigen Naturforscher und Empiriker, wie wir schon beim Begriff Zeit gesehen haben. Dieselben wollen zwar in dem Sinn keine Kantianer sein, als ob unser Geist immanente Formen besäße, die sich mit dem Erfahrungsstoff zu füllen hätten; sie lassen im Gegenteil die Raum- und Zeitvorstellung durch die Erfahrung erwerben und an ihr sich vervollkommnen, weshalb sie ihre Lehre Empirismus oder Genetismus nennen. Allein sie bleiben insofern im Kant'schen Subjektivismus stecken, als die subjektive Einrichtung unserer Sinneswahrnehmung den von außen kommenden Influx oder Reiz spezifisch gestaltet und daraus Sinnesqualitäten bildet, die nur subjektiven Charakter haben. Die verschiedenen physiologischen Theorien, wie in uns die Vorstellung von Ausdehnung und Raum erzeugt wird, müssen wir übergehen[2], um die Vertreter jener Richtung noch anführen zu können, die zwischen den beiden vorausgehenden in der Mitte liegt.

1 Logische Untersuchungen. Bd. I. S. 170.

2 Die verschiedenen Theorien des Nativismus und Genetismus siehe bei Wundt, „Logik". I. Bd. S. 432ff. und „Physiologische Psychologie". Bd. II. S. 14ff u. S. 161ff.

Unter denen, welche den Raum real an den Körpern sein lassen, begegnen uns in erster Linie solche, welche den Raum geradezu mit der Ausdehnung der Körper identifizieren. Um die antiken Philosophen, welche mit Ausnahme der angeführten Materialisten fast alle den „vollen“ Raum verteidigen und ihn von der körperlichen Masse kaum unterscheiden, wie z. B. Plato, zu übergehen, erwähnen wir den Hauptvertreter dieser Richtung in der Neuzeit, nämlich Cartesius. Ihm sind Ausdehnung und Räumlichkeit nicht real verschieden, sondern nur durch die Auffassung unseres Geistes. Um diesen Unterschied richtig zu verstehen, lassen wir ihn selber reden. In seinen Prinzipien der Philosophie schreibt er[1]: „Raum oder innerer Ort und die in ihm enthaltene körperliche Substanz unterscheiden sich nicht sachlich, sondern nur durch die Weise, wie sie von uns vorgestellt zu werden pflegen. In Wirklichkeit ist die Ausdehnung in Länge, Breite und Tiefe, welche den Raum bildet, ganz dieselbe wie die, welche den Körper bildet. Darin aber ist ein Unterschied, dass wir sie im Körper als einzelne betrachten und glauben, sie werde immer geändert, so oft der Körper geändert werde, während wir ihr im Raum nur generische Einheit beilegen, so dass, wenn der Körper geändert wird, der den Raum erfüllt, die Ausdehnung des Raumes nicht als geändert gedacht wird, sondern als ein und dieselbe bleibend, so lange sie von derselben Größe und Figur bleibt und dieselbe Lage zwischen gewissen äußeren Körpern bewahrt, durch welche wir jenen Raum bestimmen.“ Etwas später[2] beleuchtet Cartesius das Gesagte durch folgendes Beispiel: „Wenn wir den Stein aus dem Raum oder Ort, in dem er ist, wegnehmen, so glauben wir auch, seine Ausdehnung sei weggenommen, weil wir sie als einzelne oder von ihm untrennbare betrachten, hingegen glauben wir, dass die Ausdehnung des Ortes, in welchem der Stein war, zurückbleibe und die nämliche sei, wenn schon der Ort des Steines bereits von Holz oder Wasser oder Luft oder einem andern beliebigen Körper eingenommen oder auch für leer gehalten wird; denn hier wird die Ausdehnung in genere betrachtet, und dafür gehalten, die des Steines, Holzes, Wassers usw. sei die nämliche, vorausgesetzt, dass es dieselbe Größe und Figur hat und dieselbe Lage behält zwischen den äußeren Körpern, die jenen Raum bestimmen.“

Erwägt man diese Worte, so wird man unschwer erkennen, dass der Unterschied zwischen Ausdehnung und Raum nur ein logischer ist; sachlich fällen beide zusammen. Der Raum als allgemeine Vorstellung ist nichts anderes, als

1 Pars II. n. 10.

2 Ebend. n. 12.

die Ausdehnung abstrakt und vom Körper losgelöst aufgefasst — ein ens rationis, ein reines Gebilde unseres Denkens. Es zeigt sich hier wieder klar, wie bei ihm die mathematische Auffassung alles überwiegt. Die Konsequenzen der cartesianischen Raumlehre übergehen wir, da wir einzelne, wie z. B. seine Lehre von der Unmöglichkeit des leeren Raumes, später noch berühren werden, um jene Raumlehre hier anzureihen, die mit der Cartesianischen verwandt sein soll, nämlich die des Leibniz.

Nach Leibniz ist unsere Raumvorstellung etwas Abstraktes und ganz Unbestimmtes, die nicht bloß das Wirkliche, sondern auch das Mögliche umfasst. Diese Vorstellung stammt aber vom Wirklichen und darum entspricht ihr auch etwas Wirkliches, jedoch nicht ein für sich bestehender Raum, sondern etwas Wirkliches in den Dingen. Dieses Wirkliche des Raumes gründet allerdings in der Ausdehnung der Körper, aber es fällt gleichwohl mit der Ausdehnung nicht zusammen. Raum ist nämlich eine gewisse Ordnung ausgedehnter Dinge, und zwar eine Ordnung des Zumalseins oder des Koexistierens, während die Zeit eine Ordnung des Nacheinander der Dinge ausdrückt. Der Raum ist demnach nichts anderes, als die Ordnung der Koexistenz oder Juxtaposition der Teile.[1]

Wer die Monadenlehre des Leibniz vor Augen hat, wird diese Lehre nicht befremdlich finden. Nach Leibniz besteht das ganze Universum aus Monaden, von denen jede einen bestimmten Ort, ein Wo hat und zugleich zu den sie umgebenden geordnet ist. Die Zusammenordnung solcher simultan existierender Einheiten gibt die Ausdehnung und den Raum. Diese Ausdehnung ist zwar keine kontinuierliche, sondern eine diskrete, aber sie erzeugt in uns die Vorstellung vom Raum als etwas Kontinuierlichem. Wenn auch die einzelne Monade, weil einfach und unausgedehnt, nicht räumlich ist, so ist sie doch befähigt, in Verbindung mit den anderen Monaden den Raum zu erzeugen.[2]

In anderer Weise, als Cartesius und Leibniz, lässt Aristoteles und seine Schule den Raum in den Dingen real sein. Da wir in seiner Lehre den richtigen Ansatz für die wahre Raumauffassung finden, müssen wir sie etwas einlässlicher behandeln.

Der Stagirite geht in seiner Raumlehre vom Ort aus. Der Ort ist ihm weder etwas außerhalb der Körper Existierendes, noch fällt er mit der körperlichen Ausdehnung zusammen, sondern er ist für den Körper etwas Äußerliches, ihn

1 Vergl. Erdmann, Leibnitii Opera philos. Berolini 1840. p. 239 seq.

2 Der Lehre des Leibniz kommen mehr oder minder nahe die Theorien des Galuppi und Gioberti. Vergl. des Letzteren „Introduzione allo studio della Philosophia“. Lib. I. c. 5. art. 2.

Umschließendes. Demnach definiert er den Ort als die erste unbewegliche Grenze eines Umschließenden — terminus primus continentis immobilis primus.[1] In dieser Definition bildet „terminus primus continentis" das generische Moment, während immobilis das Differenzierende ausdrückt. Es ist nämlich nicht jede Grenze oder Oberfläche des umschließenden Körpers ein Ort, sondern nur die unbewegliche Grenze. Wäre Ersteres der Fall, dann wäre jeder bewegliche Behälter, jedes Gefäß, jedes Fahrzeug usw. ein Ort, allein dem ist nicht so; der Ort ist etwas Umschließendes, aber etwas Unbewegliches, ein unbeweglicher Behälter.[2] Wenn die Definition die „erste" Grenze verlangt, so will dies sagen, dass nur jene Oberfläche des einschließenden Körpers einen Ort bildet, welche den eingeschlossenen Körper berührt und ihn unmittelbar umgibt. Ein Turm hat seinen Ort nicht im ganzen Luftmeer, sondern nur in dem Teil, der ihn unmittelbar umschließt.

Gegen die aristotelische Definition vom Ort hat man außer anderen besonders folgenden Einwurf geltend gemacht: Alle Körper sind beweglich und folglich auch alle ihre Grenzen oder Oberflächen. Sind aber alle Grenzen der Körper beweglich, dann kann der Ort nicht die unbewegliche Grenze eines einschließenden Körpers sein.

Der Einwurf wäre berechtigt, wenn Aristoteles den Ort nach seiner materiellen Seite hätte definieren wollen, d. h., inwiefern es diese oder jene Oberfläche ist, die diesen oder jenen Körper enthält, aber er wollte den Ort nach seiner formellen Seite bestimmen, d. h., inwiefern die Grenze des einschließenden Körpers unbeweglich ist in Bezug auf ihre Lage, die sie zu bestimmten unbeweglichen Punkten hat, etwa zum Zentrum der Erde oder deren Polen. Mag deshalb die Grenze des umschließenden Körpers sich bewegen und ändern und mag der früheren umschließenden Oberfläche eine andere succedieren und dieser noch viele anderen, so bleibt ihr Verhältnis zu diesen fixen Punkten doch immer dasselbe, es bleibt unveränderlich und unbeweglich. Selbst wenn alle Körper, die einen bestimmten Körper einschließen, vernichtet würden, so bliebe dieser Körper doch im Ort, weil sein Verhältnis zu den Polen der Erde oder zu anderen fixen Punkten dadurch nicht alteriert würde. Steht z. B. ein Schiff ruhig in der strömenden Flut, so ist sein Kiel fortwährend von einer andern Wassermasse umschlossen und umspült, allein diese verschiedenen einschließenden Oberflächen des Wassers bleiben sich gegen-

1 Ὥστε τὸ τοῦ περιέχοντος πέρας ἀκινητον πρῶτον, τοῦτ᾽ ἔστιν ὁ τόπος. IV. Phys. c. 4. text. 41.

2 Est certum, locum absolute debere esse immobilem, quia in hoc distinguitur locus a vase, quod was continet mobiliter, movetur enim cum re contenta, locus vero non movetur. Joann. a St. Thoma op. cit. t. II. qu. 16. a. 1.

über den fixen Punkten des Ufers stets gleich, sie sind unbewegliche Grenzen. Mit Recht bemerkt deshalb Suarez: Quae immobilitas intelligi non potest in una eademque numero superficie reali: nulla enim est, quae mobilis non sit. Sed necessario intelligenda est per habitudinem vel immutabilem distantiam ad centrum et ad polos mundi, quatenus de facto fixi termini sunt et immobiles.

Dass der Ort etwas Fixes und Unbewegliches ist, geht auch daraus hervor, dass er durch die lokale Bewegung erreicht wird. Die Bewegung geht vom Ort als ihrem terminus a quo aus und strebt nach dem Ort als ihrem Ziel und terminus a quem. Dies ist aber nur dann möglich, wenn der Ort selber sich nicht bewegt, sondern unbeweglich bleibt, weil ja die Bewegung aufhört, wenn sie ihr Ziel, den Ort erreicht hat. Wäre der Ort veränderlich und beweglich, dann müsste er sich notwendig zu einem anderen Ort bewegen und dieser sich wieder an einen andern, und so ginge es ins Unendliche fort, abgesehen davon, dass damit noch die weitere Absurdität behauptet wäre, als gäbe es einen Ort des Ortes.[1]

Wie wahr die aristotelische Definition ist, zeigt beinahe handgreiflich die Tatsache, dass die Geographen, wenn sie die geographische Lage etwa einer Stadt oder eines Berges bestimmen wollen, nichts anderes tun, als dass sie die Distanzen messen, die zwischen diesem Ort und dem Äquator, Meridian u. dgl. liegen. Sie bestimmen also den Ort dadurch, dass sie seine Lage zu bestimmten, fixen Punkten berechnen.

Die Gegner der Raumlehre des Aristoteles erwidern auf unsere Bemerkungen, dass sich Aristoteles bei seiner Ortsbestimmung auf den geozentrischen Standpunkt gestellt habe und von diesem aus unbewegliche Punkte annehmen konnte; mit dem Sturz des ptolemäischen Weltsystems habe auch diese Lehre umso mehr fallen müssen, als die fortschreitende Astronomie immer sicherer erkannte, dass kein einziger Himmelskörper sich in absoluter Ruhe befinde und es demnach keine absolut unbeweglichen Punkte gebe, nach denen die örtliche Lage eines Körpers sicher bestimmt werden könnte.

Wir glauben jedoch, dass trotz des Sieges der kopernikanischen Weltauffassung die aristotelische Definition vom Ort und die damit innig zusammen-

---

1 Vergl. Joann. a St. Thoma 1. c. Dasselbe lehrt in anderer Weise der hl. Thomas, wenn er schreibt: Quando illud, secundum quod aliquid mutari dicitur, est extrinsecum; tunc in illa mutatione non mutatur, sed immobile perseverat; sicut locus non dicitur moveri, quando aliquid secundum locum movetur. Unde et in IV. Phys. dicitur, quod locus est immutabilis terminus continentis, eo quod per localem motum non dicitur esse successio locorum in uno locato, sed magis successio locatorum in uno loco. Quaest. disp. de Verit. q. 1. a. 6.

hängende vom Raum nicht gefallen ist. Zur Bestimmung des Ortes eines Körpers brauche ich allerdings eine unbewegliche Grenze, aber keine absolut unbewegliche, sondern es genügt eine relativ unbewegliche. Solch‘ unbewegliche Grenzpunkte enthält aber auch das gegenwärtig herrschende Weltsystem, und demnach ist die alte Lehre vom Raum nicht überholt. Zur Begründung unseres Untersatzes bemerken wir, dass die Bewegung aller Himmelskörper und der auf ihnen sich befindlichen Körper um die sogenannte Weltachse eine allen gemeinsame ist und darum deren relative Ruhe nicht stört. Wir bezeichnen deshalb nur dann einen Körper als in der Bewegung begriffen, wenn er durch eine ihm eigene Bewegung den Ort verlässt und den anderen in relativer Ruhe sich befindlichen Körpern gegenüber seine Lage ändert. Da einer solchen Ortsveränderung gegenüber die Erdachse, ihre Pole, Meridiane usw. relativ unbeweglich bleiben, so lässt sich mittelst dieser unbeweglichen Punkte recht Wohl der Ort eines Körpers bestimmen. Um auch diese Bemerkung mit einem Beispiel zu illustrieren, brauchen wir uns nur ein Schiff vorzustellen, das die Fluten des Meeres durchsegelt. Alle Gegenstände auf dem Schiff bewegen sich mit dem Schiff, aber gleichwohl gilt uns nur der Körper als bewegt, der gegenüber den relativ unbeweglichen Schiffswänden seine Lage ändert. So lange der Matrose ruhig sitzen bleibt, ist er für uns am selben Ort; erst wenn er etwa zum Steuerruder am Ende des Schiffes geht, verändert er seinen Ort.

Aristoteles unterscheidet zwischen einem locus *proprius* und locus *communis*, zwischen einem Ort, der dem Körper eigen ist, und einem solchen, der mehreren Körpern gemeinsam ist. Der „eigene“ Ort ist vorhanden, wenn die Oberflächen des einschließenden und eingeschlossenen Körpers sich total berühren, so dass kein anderer Körper mehr im selben Ort sich befinden kann. In diesem Sinn gelten die Ausdrücke der Schule, wie z. B. Locum repleri a locato, corpus circumscribi suo loco sive commensurari, oder er sei ganz im ganzen Ort und teilweise in den Teilen seines Ortes usw. Dagegen ist der Ort ein gemeinsamer, wenn er mehrere Körper so umschließt, dass er dieselben nicht unmittelbar und total berührt.

Dem Gesagten zufolge können alle Körper einen Ort einnehmen oder im Ort sein, wenn auch tatsächlich nicht alle im Ort sind. Denn ist der Ort eine umschließende Grenze, so können jene Körper, welche nicht mehr von anderen Körpern umgeben sind, nicht im Ort sein. Deshalb ist nach Aristoteles die letzte Himmelssphäre wohl der gemeinsame Ort für alle Körper des Universums, allein sie selber ist nicht im Ort, weil sie nicht mehr umschlossen ist.[1]

Mit der Lehre vom Ort haben wir zugleich auch die aristotelische Lehre vom Raum behandelt, denn beide sind nach ihm der Sache nach identisch. Wie der Ort in den Dimensionen des einschließenden Körpers besteht, so auch der Raum. Der Unterschied liegt nur darin, dass der Raum das abstrakt bezeichnet, was der Ort konkret ausdrückt. Der Ort ist der konkrete Raum. Was demnach im Ort ist, das ist auch im Raum, und was den Raum ausfüllt, füllt auch den Ort aus. Und wie die äußerste Äthersphäre oder was sonst die letzte Grenze der Welt sein mag, der gemeinsame Ort für alles andere ist, so ist sie auch der allgemeine Raum, der alles umschließende und in sich fassende Weltraum, der aber selber nicht wieder im Raum ist. Demnach können wir den Raum kurz definieren, indem wir mit Sanseverino und Liberatore sagen, der Raum bestehe in den Dimensionen, die einen Körper einschließen[2], oder er bestehe in den Distanzen, welche zwischen den Teilen der umschließenden Oberfläche liegen.[3]

Wie sich schon aus dem Bisherigen ergibt, haben sich die mittelalterlichen Lehrer der aristotelischen Raumlehre angeschlossen und dieselbe zu vertiefen und zu vervollkommnen gesucht, wie wir später zeigen werden.

---

1 Vergl. S. Th. in IV. Phys. lect. 7 u. Joann. a St. Th. 1. c. art. 3.

2 Dimensiones corporis continentis relatae ad corpus contentum. Sansev. Element. philos. christianae. t. II. p. 190.

3 Intercapedo superficiei corpus aliquod ambientis. Liberatore, Inst. philos. t. II. p. 82. edit. nova.

Zweites Kapitel

Der Raum ist keine für sich bestehende Realität

Nach dem Vorausgehenden dürfte es keine Schwierigkeit bieten, jene zu widerlegen, welche den sogenannten absoluten Raum, d. h. den Raum als ein für sich bestehendes Sein verteidigen. Die Auffassung eines solchen Raumes schließt nämlich Momente in sich, die sich absolut widersprechen. Dieser Raum soll vor allem real ausgedehnt, aber gleichwohl nach allen Seiten durchdringlich sein, um die Körper und deren Bewegung aufnehmen zu können. Ausdehnung und Durchdringlichkeit sind aber widersprechende Eigenschaften; denn die Ausdehnung schließt die Durchdringlichkeit aus. Ein Körper ist nur in Folge seiner Ausdehnung undurchdringlich, und darum lässt sich schlechterdings nicht begreifen, wie etwas Raumerfüllendes zugleich durchdringlich und leer sein soll. Der gleiche Widerspruch begegnet uns, wenn man diesen Raum als unteilbar verteidigt. Zum Wesen der Ausdehnung gehört nämlich die Teilbarkeit, und es lässt sich etwas Ausgedehntes absolut nicht als unteilbar denken. Soll der Raum etwas Ausgedehntes sein und das muss er sein, dann muss er ebenso notwendig teilbar sein. Man kann dieser Forderung nicht dadurch entgehen, dass man sagt, der Raum sei wohl per se teilbar, aber per accidens nicht, weil kein Grund bezeichnet werden kann, der den an sich teilbaren Raum unteilbar macht. Der Grund könnte nur in etwas dem Raum Äusserlichen liegen; aber was soll einem unendlichen Raum äußerlich sein, um seine Teilbarkeit aufzuheben? Von weiteren Widersprüchen, die ein ungeschaffener, unzerstörbarer und deshalb ewiger Raum einschließt, wollen wir nicht reden, da sie auf der Hand liegen. Außer Gott kann es nichts Ungeschaffenes und notwendig Existierendes geben. Daran ändern auch die Verbesserungen des Gassendi nichts; sie verwirren den Knoten nur noch mehr, wenn er den unendlichen und ungeschaffenen Raum als ein ens sui generis fasst. Was soll das für ein Wesen sein, das weder Substanz noch Akzidens, das weder Körper noch etwas Körperliches ist und doch dreifach ausgedehnt sein soll? Ist dieser Raum etwas Unkörperliches, dann ist er nicht ausgedehnt; ist er mit der dreifachen Dimension versehen, dann ist er ausgedehnt; ein solches Sein wäre demnach zugleich ausgedehnt und zugleich nicht ausgedehnt. Will man sich damit helfen, dass man den Raum zu einem Attribut Gottes macht, ihn etwa mit der Unermesslichkeit Gottes identifiziert, so gerät man in noch größere Absurditäten. In diesem Fall muss man Gott für ausgedehnt und folglich für teilbar erklären. Und weil in Gott jedes Attribut mit seiner Wesenheit zusammenfällt, so wäre die Wesenheit Gottes darin gelegen, ein Behälter für die Körperwelt zu sein. Lässt sich Abgeschmackteres denken?[4]

Die Verteidiger des absoluten Raumes berufen sich ganz besonders darauf, dass sich die Ausdehnung, Bewegung und Lage der Körper nicht begreifen lassen, wenn man nicht einen Raum voraussetze, den die Körper durch ihre Ausdehnung ausfüllen, in dem sie sich bewegen und in dem jeder eine bestimmte Lage habe. Allein diese Berufung wird schon durch die einfache Bemerkung hinfällig, dass die gleiche Voraussetzung auch für den absoluten Raum gilt. Denn wenn der Körper ob seiner Ausdehnung einen ausgedehnten Raum voraussetzt, dann hat auch dieser Raum aus demselben Grund einen solchen Behälter zur Voraussetzung und dieser Behälter würde wiederum einen andern Behälter erfordern und so ginge es ins Unendliche fort. Daran ändert auch die Annahme nichts, dass dieser Behälter als leer und unendlich gefasst wird und deshalb keinen andern Behälter erfordert. Denn ein solch unendliches Vakuum ist nichts Ausgedehntes und kann folglich die ausgedehnten Körper nicht in sich aufnehmen.

Wenn der Einwurf weiter bemerkt, dass ja doch jeder Körper einen Teil des Raumes ausfülle und, um dies zu können, notwendig den Raum als etwas Vorherexistierendes voraussetze, so ist diese Ausdrucksweise zweideutig. Will sie so viel sagen, dass jeder Körper durch seine Ausdehnung einen Teil des realen absoluten Raumes ausfülle, dann ist sie sicher falsch. Soll damit jedoch nur die Beziehung des eingeschlossenen Körpers zu seinem einschließenden, i. e. zu seiner Umgrenzung ausgedrückt werden, so ist die Ausdrucksweise richtig. Nur darf man dann nicht sagen, dass „jeder" Körper einen Raum ausfüllt, weil nicht jeder Körper von einem andern umschlossen ist.

In alter und neuer Zeit hat man als besonderen Grund für die Existenz eines unendlichen Weltraumes angeführt, dass ohne ihn die Schöpfung der Körperwelt nicht erklärt werden könne, da das Universum einen Raum voraussetze, um ins Dasein treten zu können. Wir müssen zur vollen Widerlegung dieses Einwurfes auf unsere spätere Raumlehre verweisen, aus welcher klar hervorgehen wird, dass der Raum mit der Welt geschaffen worden ist. Für jetzt begnügen wir uns, mit den heiligen Vätern, besonders dem hl. Augustin, darauf hinzuweisen, dass man vor der Schöpfung von einem Vakuum gar nicht reden könne. Der leere Raum ist nämlich ein privativer Begriff und setzt des-

4 Wer sich über diese Widersprüche weiter instruieren will, lese den hierüber geführten Briefwechsel zwischen Leibniz und Clarke in d. c. Ausgabe der WW. des Leibniz S. 746ff., besonders den 5. Brief des Leibniz S. 767ff.

halb das voraus, was er aufhebt; er bezeichnet einen Ort, an dem kein Körper ist, wie wir später noch ausführlicher zeigen werden. Da es nun vor der Erschaffung der Welt keinen Ort gegeben hat und geben konnte, so war auch ein leerer Raum nicht möglich.[5]

Wenn wir diesem unendlichen Raum noch weiter auf den Grund gehen, so müssen wir sagen, dass er in analoger Weise ein Produkt der Phantasie sei, wie die unendliche Zeit. Wir können uns nämlich unendliche Körper denken und infolgedessen auch einen unendlichen Raum, den diese Körper einnehmen würden, wenn sie in die Existenz träten. Dieser Gedanke von einem unendlichen Raum stellt sich uns, wie überhaupt jede Vorstellung von einer möglichen Wesenheit, als etwas Unveränderliches, Unteilbares, Notwendiges und Ewiges dar. Da es nun die Aufgabe der Phantasie ist, die höhere Denkwelt konkret nachzubilden, so zeichnet sie als entsprechendes Sinnenbild einen unendlichen leeren Behälter, der als etwas Unveränderliches und Ewiges die Körper aufnimmt und trägt. Der ganze Spuk von einem absoluten Raum beruht deshalb auf einer Verwechslung dieses imaginären Raumes mit dem realen. Wir brauchen uns über diese Verwechslung nicht weiter zu verbreiten, da wir dies bei der Lehre von der imaginären Zeit schon getan haben, sondern bemerken nur noch, dass dieser imaginäre Raum das reinste Nichts ist, da er lediglich in dem Gedanken von etwas Möglichem wurzelt. Ganz treffend nennt deshalb der hl. Augustin diesen imaginären Raum ein räumliches Nichts — spatiosum nihil[6] — und hält es für ein ebenso eitles Sinnen, wenn man außerhalb der Welt einen Raum sucht, als es Torheit ist, zu fragen, was Gott in der Zeit vor der Schaffung der Welt getan habe.[7]

---

5 In dieser Beziehung antwortet der Aquinate auf den Gedanken, dass vor der Schöpfung aus Nichts das Vakuum gewesen sei, treffend: Ante creationem mundi non fuit vacuum, sicut neque post: vacuum enim non est tantum negatio, sed privatio; unde ad positionem vacui oportet ponere locum vel dimensiones separatas, sicut ponentes vacuum dicebant; quorum nullum ponimus ante mundum. Et si dicatur quod possibile erat, dicendum ad hoc quod non erat, nisi in potestate agentis. In II. Sent. dist. 1. qu. 1. art. 5. ad 4.

6 Confess. 1. VII. c. 1.

7 De civit. Dei 1. XI. c. 5. „Tam non esse cogitandum de infinitis temporum spatiis ante mundum, quam nec de infinitis locorum".

Drittes Kapitel

Der leere Raum oder das Vakuum

Das vorige Kapitel hat wohl so viel festgesetzt, dass es einen leeren Raum im Sinn eines eigenartigen und für sich bestehenden Seins nicht geben könne, allein darüber haben wir nichts entschieden, ob es im Universum ein Vakuum gibt, d. h. einen Ort, in dem sich kein Körper befindet. Wir müssen diese Frage umso mehr untersuchen, als gerade in unseren Tagen darüber die verschiedensten Ansichten sich geltend machen.

Bekanntlich war die peripatetische Schule in der Verwerfung des Vakuums einig; ihr galt es ja als ein Axiom: natura horret vacuum. Mit noch größerer Entschiedenheit bekämpft Cartesius und seine Schule den leeren Raum. Ihm ist ein Vakuum überhaupt nicht denkbar. Da nach ihm nur dort Raum ist, wo sich ein ausgedehnter Körper befindet, so erscheint ihm ein leerer Raum, d. h. ein Ort im Universum, an welchem gar kein Körper wäre, als der größte Widersinn. Leichter sei ein Berg ohne Tal, als ein Raum ohne enthaltenen Körper zu denken.[8] Von Cartesius beeinflusst, leugnet auch Spinoza die Möglichkeit des Vakuums. Das Vakuum ist ihm eine reale Ausdehnung, aber ohne körperliche Substanz.

Wenn nicht an sich, so doch physisch unmöglich erklärt Leibniz den leeren Raum. Allerdings wer harte und unveränderliche Atome annimmt, so polemisiert er gegen Locke der muss auch leere Räume im Universum statuieren; da aber die Elemente der Welt flüssig sind, so gibt es im ganzen Universum keinen Punkt, an dem kein Körper wäre.

Von den neueren und neuesten Philosophen, soweit sie der peripatetischen Richtung folgen, verwerfen die meisten das Vorhandensein von leeren Zwischenräumen im Universum; manche unter ihnen, wie z. B. Balmes, leugnen überhaupt die Möglichkeit eines Vakuums.

Dagegen ist die Zahl derjenigen, welche den leeren Raum nicht bloß für möglich, sondern auch für wirklich, ja für unbedingt notwendig halten, eine sehr große. Selbstverständlich müssen alle Atomisten und Dynamisten alter und neuer Zeit den leeren Raum für etwas absolut Notwendiges erklären, da

8 Adeo ut non magis repugnat nos concipere montem sine valle, quam intelligere istam cavitatem (vacuum) absque extensione in ea contenta, vel hanc extensionem absque substantia quae sit extensa: quin nihil nulla potest esse extensio. Princip. Philos. II. pars. n. 18.

ohne leere Räume die Atome sich nicht bewegen könnten. Auch diejenigen, welche den leeren Raum nicht zu einem Prinzip des Universums machen, glauben denselben doch als wirklich voraussetzen zu müssen, weil ohne ihn sich die Tätigkeit der Körper nicht erklären lasse. Um Locke, Newton, Clarke, den Hauptverfechter des leeren Raumes, und andere zu übergehen, erklärt in unseren Tagen auch Gutberlet aus demselben Grund den leeren Raum als tatsächlich vorhanden. „Ohne leeren Raum“, schreibt er in seiner Metaphysik[9], „wäre keine Bewegung möglich, denn die Bewegung eines Körpers kann nur durch Eindringen in einen von einem andern Körper nicht okkupierten Raum stattfinden.“ In noch viel stärkerer Weise verteidigt Isenkrahe den leeren Raum. Nach seiner oben erwähnten Definition von Raum darf es uns nicht Wunder nehmen, dass ihm nur der leere Raum als Raum gilt; der Raum ist seiner Natur nach etwas Leeres. „Nur der leere Raum wird Raum genannt.“[10]

Die Verteidiger des Vakuums unterscheiden jedoch ein doppeltes Vakuum. Diejenigen, welche den leeren Raum als ein von den Körpern unabhängiges Sein betrachten, nehmen ein ununterbrochenes Vakuum an, das sich über die Weltkörper hinaus ins Unendliche erstreckt, während ihnen der Raum der Körperwelt als ein unterbrochenes gilt, da Atome und deren Aggregate ihn unterbrechen. Dagegen anerkennen jene, welche die Existenz eines absolut leeren Raumes als eines eigenartigen Seins leugnen, nur ein unterbrochenes Vakuum, einen leeren Raum, der mit Atomen und deren Verbindungen besät ist.

Aus dieser kurzen historischen Skizze dürfte leicht zu ersehen sein, dass es sich bezüglich des leeren Raumes um zwei Fragen handelt, nämlich ob derselbe an sich, i. e. metaphysisch möglich, und ob er physisch möglich ist, d. h., ob es tatsächlich einen leeren Raum in der Natur gibt. Wir beantworten diese beiden Fragen durch die Behauptung: Ein leerer Raum ist an sich nicht widersprechend und darum möglich; in Wirklichkeit, d.h.im Universum, gibt es jedoch keinen leeren Raum. Im Folgenden werden wir für diese Doppelbehauptung den Beweis erbringen.

Ehe wir an diesen Beweis gehen, bemerken wir, dass wir „leer“ hier selbstverständlich nicht im negativen, sondern im privativen Sinn nehmen. Im negativen Sinn nennen wir das leer, was in keiner Weise etwas ist — in quo

9 Münster 1880. S. 153.

10 D. c. W. S. 125.

nihil est, — wie z. B. der Raum jenseits des Universums[11]; im privativen Sinn nennen wir den Raum oder Ort leer, wenn das nicht dort ist, was dort sein soll, d. h., wenn sich kein Körper am Ort oder im Raum befindet. Deshalb definiert Aristoteles den leeren Raum als „locus corpore privatus.[12]

Nach unseren Begriffen von Ort und Raum hat es nicht die mindeste Schwierigkeit, über allen Zweifel darzutun, dass ein leerer Raum an sich nichts Undenkbares und Widersinniges ist. Besteht nämlich der Raum oder Ort in der umschließenden Oberfläche des umgebenden Körpers, so ist klar, dass diese Dimensionen voneinander distant sein müssen, weil sie sonst nicht den Körper abschließen und begrenzen könnten. Es lässt sich nun nicht der mindeste Widerspruch in dem Gedanken finden, dass die umschließenden Grenzen bleiben, auch wenn kein Körper da ist. Dieser Gedanke aber gibt den Begriff vom leeren Raum, d.h. von etwas solchem, was einen Körper einschließen kann, in Wirklichkeit ihn jedoch nicht einschließt. Stellen wir uns etwa zwei konzentrische Kugeln vor, von denen die größere die kleinere umschließt. Welch ein Widerspruch sollte nun darin liegen, dass, wenn etwa durch die Macht Gottes die kleinere Kugel vernichtet würde, die größere den leeren Raum einschlösse? Ein Widerspruch wäre nur dann vorhanden, wenn man den Grund für die Distanz der umgebenden Oberflächen in dem eingeschlossenen Körper finden wollte; allein kein Vernünftiger wird den Grund für die Distanz der Körper in den dazwischen liegenden Körpern suchen, da jeder Körper nicht durch einen andern Körper, sondern durch sein eigenes, inneres Wo an diesem Ort und dadurch in dieser Distanz von anderen Körpern ist.

Cartesius geht allerdings so weit, dass er die Distanz der Körper lediglich von den dazwischen liegenden Körpern bewirkt sein lässt, weshalb er sich nicht scheut, zu behaupten, dass, wenn Gott den in einem Gefäß enthaltenen Körper vernichten und keinen andern an dessen Stelle treten lassen würde, sofort die Gefäßwände sich berühren würden — vasis latera sibi invicem hoc ipso fore contigua. Den Grund für eine solche Behauptung glaubt er darin zu finden, dass, wenn zwischen zwei Körpern das pure Nichts inzwischen liegt,

---

11 Es ist klar, dass es ein solches negatives Vakuum gibt, da dort, wo das Universum aufhört, auch kein Körper und keine Dimensionen sind, um einen Körper einzuschließen. Cum dicitur: Supra coelum nihil est, ly supra obsignat locum imaginarium tantum, secundum quod possibile est imaginari, dimensionibus coelestis corporis dimensiones alias superaddi. S. Th. s. th. I. qu. 46. a. 1. ad 8.

12 Ad rationem vacui non sufficit „in quo nihil est", sed requiritur, quod sit spatium capax corporis, in quo non sit corpus. S. Thom. s. th. I. qu. 46. a. 1. ad 4. Vacuitas loci est per privationem corporis contenti. S. Bonav. In II. S. dist. 12. art. 2. qu. 3.

dieselben nicht distant sein können, sondern sich berühren müssen, da ja das Nichts nimmermehr sich trennend und distanzbildend verhalten könne. Allein Cartesius übersieht hiebei, dass zum Begriff des Raumes nicht erforderlich ist, dass die umgebenden Dimensionen wirklich auf einen eingeschlossenen Körper bezogen sind, sondern nur dass sie einen Körper einschließen können. Diese Befähigung geht den umgrenzenden Oberflächen nicht verloren, wenn der von ihnen begrenzte Körper vernichtet wird und kein anderer seinen Ort einnimmt; sie ist nur nicht verwirklicht. Ein leerer Raum ist deshalb kein Widerspruch, weil das Vakuum nicht diese Befähigung der umgebenden Dimensionen negiert, sondern nur die Verwirklichung der Befähigung.

Wenn Cartesius meint, dass zwei Körper, zwischen denen nichts ist, sich berühren müssen, so missversteht er die Berührung oder den Kontakt. Unter Kontakt begreifen wir nämlich eine solche Beziehung der Dimensionen zweier Körper, dass, solange diese beiden Körper unbeweglich bleiben, zwischen diesen Dimensionen nichts Ausgedehntes vorhanden sein kann.[13] Diese Definition passt jedoch nicht auf den leeren Raum, denn wenn zwischen zwei distanten Körpern nichts ist, so kann ich nicht sagen, dass zwischen denselben nichts Ausgedehntes sein kann. Demnach ist es ganz falsch, zu sagen, dass zwei Körper sich berühren müssen, weil zwischen ihnen nichts ist.

Da Stöckl den Raum ebenfalls in die dreifache Dimension der körperlichen Quantität verlegt, so muss auch ihm ein leerer Raum als unmöglich erscheinen. Ein leerer Raum ist ihm ein pures Nichts. „Denn ein Raum wäre es nicht, weil der Raum reale dimensive Quantität ist, und etwas anderes könnte es noch weniger sein. Wie aber ein pures Nichts scheidend sich verhalten könne zwischen juxtaponierten realen Teilen, das ist ganz und gar unfassbar.“[14] Nach dem Gesagten hat das „pure Nichts“ weder die Teile im Kontinuum zu scheiden, wenn in demselben ein leerer Raum sein sollte, noch hat es distante Körper zu trennen, wenn zwischen ihnen kein Körper, sondern ein Vakuum wäre, da sowohl die distanten Teile im Kontinuum als die distanten Körper durch ihre eigene Lage distant sind, weil eben ihre Quantität nicht weiter reicht, sondern durch den Ort, an dem sie sich befinden, begrenzt ist.

So sehr wir für die Möglichkeit des leeren Raumes eintreten, so sehr müssen wir jedoch seine Wirklichkeit bekämpfen, d.h., in der Körperwelt existiert

13 De San definiert die Berührung in folgender Weise: Contactus est talis relatio, quam secundum suas extremitates duo corpora ad se invicem habent ut, ipsis absolute vel respective immotis manentibus, impossibile sit aliquam magnitudinem inter hasce ipsorum extremitates mediare. Op. c. p. 457.

14 In seinem trefflichen Lehrbuch der Philosophie. II. Tl. S. 120. 4. Aufl.

kein Vakuum. Zum Nachweis dieses Satzes werden wir zuvor das als nichtig aufzeigen, was unsere Gegner gewöhnlich für die Notwendigkeit des leeren Raumes ins Feld führen.

Der leere Raum wird am allermeisten deswegen verteidigt, weil sich ohne ihn die Bewegung der Körper nicht erklären lassen soll. Wir haben bereits früher eine diesbezügliche Stelle von Gutberlet angeführt, in welcher er bemerkt, dass ohne leeren Raum die Bewegung nicht denkbar sei, da der sich bewegende Körper in einen leeren Raum eindringen muss, und dann weiter fährt: „Nun mag es sein, dass er denselben erst leer macht, indem er einen andern daraus vertreibt, aber dann muss der andere wieder einen leeren Platz finden oder schaffen; findet er ihn, so haben wir, was wir wollen; macht er ihn erst, so muss der von ihm vertriebene in eine Leere eindringen usw. Wenn also nicht schon ein leerer Raum da ist, so muss die Verdrängung ins Unendliche fortgehen, das ist aber gegen die Tatsachen."

Denselben Gedanken formuliert Palmieri in folgender Weise. Wenn im Universum kein Vakuum vorhanden ist, dann müssen sich die ausgedehnten Atome berühren und mitsammen eine kompakte, dichte Masse bilden. Wollte man nun ein Atom in Bewegung setzen, so müsste man auch alle anderen Atome bewegen und von ihrem Ort verdrängen. Da es nun ein Naturgesetz ist, dass die bewegende Kraft der zu bewältigenden Masse proportioniert sein muss, so müsste in diesem Fall die Bewegungskraft der Schwere des ganzen Universums gleichkommen. Wo ist aber der Körper, der solches zu leisten vermöchte? Mit der Leugnung des Vakuums muss man notwendig auch die Bewegung leugnen. Gleichwohl will Palmieri ebenfalls das Leere in der Natur vermeiden; er weiß jedoch keinen andern Ausweg, als dass man die Atome in seinem Sinn als einfache Wesen gelten lässt, die sich ob ihrer bloß virtuellen Quantität komprimieren und auf einen kleinen Raum einschränken lassen, wodurch die Bewegung ermöglicht wird.[15]

Wir gehen nicht darauf ein, ob die Ausflucht des Palmieri die Schwierigkeit beseitigt, sondern erwidern nur, dass der ganze Beweis, der aus der Unmöglichkeit der Bewegung für das Leere geführt wird, auf der unbewiesenen Voraussetzung beruht, dass es in der Natur keine wahre und reale Verdichtung und Verdünnung des Stoffes gebe, sondern nur eine scheinbare, d. h. eine solche, welche in Folge größerer oder geringerer Annäherung der Atome ent-

---

15 Si supponas, quod nihil prohibet, entia simlicia in appulsu sese, ut ita dicam, comprimere, sive majus minusve spatium pro vi extrinseca, qua urgentur, occupare, licebit tibi phaenomenon motus explicare sine hypothesi vacui. Cosmol. Romae 1875. p. 63.

steht. Die heutige Naturwissenschaft leugnet die Veränderlichkeit der Quantität, d. h. sie leugnet, dass dasselbe Atom bald unter einem größeren, bald unter einem kleineren Volumen existieren könne. Diese Ansicht von Atomen, die in quantitativer Beziehung absolut unveränderlich bleiben sollen, ist jedoch eine ganz willkürliche, und darum entbehrt der darauf gebaute Beweis für die Existenz des Vakuums der festen Unterlage. Wir sind deshalb vollständig in unserm Recht, wenn wir ihn verwerfen. Wir sind dazu umso mehr berechtigt, als die Gegner nicht eine einzige Tatsache aufzubringen vermögen, welche nur durch ihre Lehre von unveränderlichen Atomen erklärbar wäre. Im Gegenteil, die Naturphänomene lassen sich durch Annahme einer realen Volumveränderung leichter erklären, als durch absolut harte Atome und deren Bewegung im leeren Raum, wie wir an anderer Stelle dargetan haben.[16] Aus diesem Grund haben ja auch eine Anzahl von Philosophen und Naturforschern die absolut unveränderlichen Atome aufgegeben und elastische Atome an ihre Stelle gesetzt, um dadurch den leeren Raum zu vermeiden. Derselbe Grund hat auch, wie wir gehört haben, den Palmieri bewogen, die Atome als einfache, unausgedehnte Prinzipien zu fassen, nur bleibt dabei unerklärlich, wie ein einfaches Atom komprimiert werden könne, um einen kleineren Raum zu erfüllen, als es früher erfüllte. Fordert denn der Begriff von Kompression nicht formelle Ausdehnung und damit Teilbarkeit? Doch lassen wir diesen Widerspruch auf sich beruhen; uns genügt es, die scheinbare Begründung des leeren Raumes zerstört zu haben.

Die Verteidiger des leeren Raumes betrachten den Körper als ein Aggregat von Atomen oder Molekülen, von denen jedes Atom oder Molekül von einem leeren Raum umgeben ist — spatium disseminatum. Der leere Raum ist ihnen unbedingt nötig, damit die Atome aufeinander wirken, i. e. sich bewegen und dadurch die verschiedenen Phänomene erzeugen können. Damit müssen dieselben auch die sogenannte actio in distans oder das Fernwirken behaupten; die actio in distans ist vom leeren Raum unzertrennlich. Es lässt sich aber kein größerer Widerspruch denken, als dass dort eine Wirkung entstehen soll, wo keine Ursache ist. Unter Wirkung verstehen wir etwas solches, was aus der Ursache und mit Abhängigkeit von derselben entsteht. Wie aber soll dies möglich sein, wenn die Ursache das Objekt, auf welches sie wirken soll, weder unmittelbar noch mittelbar berührt, d. h., wenn sie distant ist? Muss man von einer solchen Wirkung nicht sagen, dass sie unabhängig von ihrer Ursache, d.

16 Die scholastische Lehre von Materie und Form und ihre Harmonie mit den Tatsachen der Naturwissenschaft. 2. Aufl. S. 125ff.

h. aus Nichts entstanden ist? Wollte man dieser Absurdität dadurch entgehen, dass man die Kraft der Atome über den leeren Raum hin zu den anderen Atomen gelangen lässt, so statuiert man eine neue Unbegreiflichkeit. Denn etwas solches setzt voraus, dass die tätige Kraft ihre Substanz verließe und sich zum distanten Atom begebe, um auf dasselbe bewegend oder sonstwie einzuwirken. Lässt sich aber etwas Absurderes behaupten, als eine solche hypostasierte Kraft? Dies dürfte genügen, um die Unmöglichkeit des Fernwirkens darzutun, weshalb wir es unterlassen, dasselbe auch von naturwissenschaftlichem Standpunkt aus als den Naturgesetzen widersprechend nachzuweisen.[17] Da nun der leere Raum ohne die actio in distans nicht bestehen kann, so ist auch er physisch unmöglich; es gibt keinen leeren Raum im Universum und kann keinen geben.[18]

Der so oft bespöttelte horror vacui der Alten bringt demnach nur eine Wahrheit zum Ausdruck, welche auch die heutige Naturwissenschaft anerkennen muss. Die Natur flieht das Vakuum, weil dasselbe der allgemeinen und gesetzmäßigen Tätigkeit der Naturdinge und deren harmonischem Zusammenwirken im höchsten Grad Eintrag täte.[19] Sollen die Körper all' ihre Kräfte und zwar stets entfalten, so darf es keinen leeren Raum geben, denn mit ihm ist ihre Aktivität unmöglich gemacht. „Überall," bemerkt mit Recht Pesch, „das ist Tatsache, hat die Natur ihre Einrichtung so getroffen, dass nirgendwo zwischen den Naturdingen ein absolut leerer Raum entsteht. Wo ein solcher in Folge bestimmter Vorgänge entstehen würde, da treten sofort andere Vorgänge ein, damit die entstehende Lücke sogleich ausgefüllt werde. Da nämlich die Wirksamkeit der Dinge niemals in die Ferne hinüberspringen kann, würde durch das Vorhandensein leerer Zwischenräume im Naturverband die heilloseste Verwirrung entstehen. Genug. Wenn es überhaupt irgendein durch allgemeine Beobachtung feststehendes Naturgesetz gibt, dann ist es dasjenige, wodurch jede Art unvermittelter Wirksamkeit in die Ferne von der Natur ausgeschlossen wird."[20]

---

17 Vgl. unsern Artikel „Über Fernwirken" in Hist-polit. Bl. Bd. 95.

18 Die Widerlegung des Vakuums durch den hl. Thomas im Anschluss an Aristoteles siehe in IV. Phys. lect. 10.

19 Vacuum privativum intra universum non datur ex ipsa inclinatione naturae eo, quod tale vacuum impediret ordinem et dispositionem corporum in universo; quod constat corporibus ordinate dispositis. Joann. a St. Thom. 1. c. qu. 17. art. 1.

20 Die großen Welträtsel. I. Bd. S. 489.

Viertes Kapitel

Der Raum von mehr als drei Dimensionen

Kant ist der Erste gewesen, welcher den Gedanken ausspricht, dass dem Raum auch mehr als drei Dimensionen zukommen können; er spricht von vielen „möglichen Raumarten", die Gott hätte setzen können, und fügt sogar hinzu: „Wenn es möglich ist, dass es Ausdehnungen von anderen Abmessungen gebe, so ist es auch sehr wahrscheinlich, dass sie Gott wirklich irgendwo angebracht hat."[21] Der Gedanke Kant's blieb jedoch bis in die neueste Zeit unbeachtet, in welcher unsere berühmtesten Mathematiker ihn aufgegriffen haben, um auf mathematischem Gebiet eine neue Raumtheorie zu entwickeln. Gauß, Lobatschewski und in unseren Tagen Riemann und Helmholtz lehren insgesamt, dass der Raum, der uns umgibt und den wir erfahren, nur ein Spezialfall vom Raum sei und dass noch andere Arten von Räumen möglich seien, weshalb sie den Raum an sich oder den absoluten Raum als eine stetige Größe von n-Dimensionen bestimmen. Um zu verstehen, was ein Raum von n-Dimensionen sagen will, müssen wir das im Auge behalten, was unsern Raum spezifiziert. Dies sind einmal die drei Dimensionen, dann, dass er eben ist im Gegensatz zu gekrümmten Räumen und endlich, dass er kongruent ist. Diese letztere Eigenschaft will besagen, dass man eine Figur oder einen Körper von einem Ort des Raumes an einen andern versetzen kann, ohne dass sich seine figürlichen oder Maßverhältnisse ändern. Bei nicht ebenem Raum ist solches nicht möglich. Wird z. B. ein auf die Oberfläche eines Eies konstruiertes Dreieck auf einen andern Teil der Eioberfläche verschoben, so bleiben seine figürlichen und Maßverhältnisse nicht dieselben, sondern ändern sich. Man bezeichnet diese Eigenschaft unseres Raumes auch damit, dass man sagt, er habe ein konstantes Krümmungsmaß. Diesem Spezialfall vom Raum gegenüber wird dann der Raum im Allgemeinen oder als Gattung jener sein, der nicht eben ist und kein konstantes Krümmungsmaß besitzt, sondern unbestimmt nach n-Dimensionen sich ausdehnt.[22]

Man hätte sich dieser Raumtheorie gegenüber ziemlich gleich-gültig verhalten können, wenn sie auf dem mathematischen Boden geblieben wäre. Der

---

21 Von der wahren Schätzung der lebendigen Kräfte. § 11 (Ausg. von Hartenstein, Bd. I. S. 23).

22 Eine kurze, aber lichtvolle Darstellung der Riemann'schen Raumtheorie gibt Pesch, Das Weltphänomen. S. 100-107. Vergl. Schwertschlager, Kant und Helmholtz. S. 24. „Die neue Raumtheorie".

Mathematik steht es ja bis zu einem gewissen Grad frei, mit unrealisierbaren Größen und Gebilden zu operieren und derartige Probleme zu stellen. Allein die Riemann-Helmholtz'sche Raumtheorie verlor sich gar bald auf das philosophische und naturwissenschaftliche Gebiet, und das imaginäre Gebilde nahm im Handumdrehen Fleisch und Blut an und geriert sich nun als der wirkliche, absolute Raum. Vor allem will man auf Grund dieser Raumlehre die Axiome der Geometrie nicht als absolut giltig anerkennen. Ist unser dreifach ausgedehnter Raum nur ein Spezialfall vom Raum, dann können die darauf gebauten Sätze keine absolute Notwendigkeit beanspruchen. Für anders organisierte Wesen könnten sie selbstverständlich nicht gelten. Schon Gauß huldigte der Ansicht, dass es geistige Wesen geben könne, welche nach vier Dimensionen wahrnehmen und auf uns dreidimensionale Wesen analog herabsehen, wie wir auf Wesen herabblicken würden, für die es nur einen zweidimensionalen Raum gäbe. Er dachte schon daran, gewisse Probleme mit Hilfe dieser höheren Geometrie zu lösen. Prof. Mach in Prag ging noch weiter; er hat angefangen, physikalische Vorgänge, die ihm unerklärbar schienen, durch die Annahme einer vierten Dimension zu erklären. Und von Zöllner haben wir oben auf das bestimmteste versichern hören, dass er die Existenz eines vierdimensionalen Raumes ebenso sicher nachweisen könne, wie den dreidimensionalen. Er will auch bereits die Bewohner dieser vierten Dimension entdeckt haben; es sind die Intelligenzen, reine Geister, welche von ihrer vierten Dimension leicht in unsern dreidimensionalen Raum hereinwirken können. In diesem transzendentalen Raum erblickt er bereits jene „andere Welt", welche uns das Evangelium verheißt. Er ist ihm überhaupt die Quelle für ein neues, geläutertes Christentum. Und warum? Weil er die Wunder beseitigt. „Das sacrificium intellectus", schreibt er, „welches die christlichen Wunder vom Verstand bisher verlangten, ist durch die Entdeckung jenes neuen Gebietes der Physik — der Transzendentalphysik — zum ungetrübten Genuss des Neuen Testamentes nicht mehr erforderlich."[23]

Wenn wir nun fragen, welche Beweise die Verfechter dieses transzendenten Raumes für ihre Erfindung vorzubringen vermögen, so werden wir auf lauter Analogien oder, sagen wir besser mit Lotze, auf „logische Spielerei" hingewiesen. Oder was soll es anders sein, wenn Zöllner schreibt: „Ein zweidimensionales Wesen kann sich zu einer geraden Linie nur eine Normale im betreffenden zweidimensionalen Raumgebiet (dem es durch seine Erscheinung angehört) vorstellen. Wir dagegen, als dreidimensionale Wesen, wissen,

23 Wissenschaftliche Abhandl. II. Bd. 2. Tl. S. 1187.

dass es unendlich viele Normalen zu einer geraden Linie im Raum gibt, welche in ihrer Gesamtheit den zweidimensionalen geometrischen Ort der Normalebene jener Geraden bilden. Analog können wir uns nur eine Normale zu einer Ebene vorstellen; ein Wesen von vier Dimensionen würde sich aber unendlich viele Normalen zu einer Ebene vorstellen können, die in ihrer Gesamtheit den dreidimensionalen geometrischen Ort bilden würden, welcher in der vierten Dimension normal zu jener Ebene stünde."[24] Nicht viel besser lautet es, wenn andere sich auf die Erfahrung berufen und sagen: Dieselben Gegenstände erscheinen uns mittelst des Tastsinnes als dreidimensional, während sie uns der Gesichtssinn als zweidimensional vorstellt. Daraus folgt, dass die objektiv-reale Ordnung durch die Auffassung in ganz verschiedener Weise modifiziert wird. Es ist deshalb nicht undenkbar, dass Wesen von anderer Organisation und mit anderen Sinnen den objektiven Raum als vier- oder fünfdimensional perzipieren. Aber wir fragen wieder: was soll mit der Fiktion anderer Wesen und anderer Wahrnehmungskräfte, die niemand kennt, ja sich nicht einmal vorstellen kann, für die Realität dieses absoluten Raumes bewiesen sein? Dieser Raum von n-Dimensionen ist eine Ausgeburt des durch Kant begründeten Subjektivismus; er steht und fällt mit ihm. Kant und seine Schüler können allerdings behaupten, dass für uns der Raum nur ein dreidimensionaler sein kann, weil uns nur ein solches Raumschema angeboren ist. Allein auf die Frage der heutigen Empiristen und gemäßigten Idealisten, ob denn für anders organisierte Wesen nicht eine andere Raumauffassung möglich wäre, vermag der reine Kantianismus keine Antwort zu geben. Solange der Raum nur als ein subjektives Gebilde ohne allen objektiven Wert gilt, kann ich allerdings behaupten, dass derselbe für mich keine anderen Eigenschaften haben kann und darum für mich seine Gesetze absolut notwendig sind, aber ich kann nicht behaupten, dass dies für alle vorstellenden Wesen und noch weniger, dass dies für den objektiven Raum gilt. Solches kann ich nur dann behaupten, wenn ich ein Denken anerkenne, das nicht bloß die Objektivität erreicht, sondern auch in dieselbe einen Einblick gewährt, indem es das Wesen des objektiv Gegebenen erfasst. Nur die Anerkennung eines solch abstrahierenden Denkens verbürgt uns, dass der dreidimensionale Raum der wahre und wirkliche und einzig mögliche Raum ist, weil seine Natur und Wesenheit gerade durch die drei Dimensionen konstituiert wird. Ein vierdimensionaler Raum ist daher ebenso viel, als ein viereckiger Kreis. Und wenn sich Fechner darüber wundert, dass der Raum nur drei Dimensionen haben soll, so müssen wir uns

24 Ebend. II. Bd. 1. Tl. S. 384. Vergl. III. Bd. S. 231.

vielmehr über eine solche Verwunderung wundern. Eben deshalb, weil ein Raum von n-Dimensionen der widersinnigste Gedanke ist, der sich bilden lässt, darum lässt sich von ihm auch keine Vorstellung, keine Anschauung bilden, wie seine Verteidiger selbst zugeben. Aber als etwas Körperliches und Ausgedehntes müsste er doch durch die Phantasie vorgestellt werden können. Helmholtz meint wohl, dass der Mangel der Vorstellbarkeit der Existenz dieses Raumes nicht schaden könne, weil dies wahrscheinlich nur davon herrühre, dass wir uns an eine solche Vorstellung noch nicht gewöhnt haben; wir könnten uns jedoch noch an eine solche Raumvorstellung von etwa acht Dimensionen gewöhnen. Ich denke, solches reicht aus und überhebt uns weiterer Widerlegung, die wir überdies an einem andern Ort[25] schon gegeben haben und noch weiter geben werden, wenn wir den Idealismus in dieser Frage zurückweisen werden.[26] Vorläufig können wir warten, bis wir uns an einen Raum von zehn Dimensionen gewöhnt haben und dann diskutieren wir weiter über diese „Grimasse in der Wissenschaft“.

25 Vergl. „Der neuere Spiritismus“ (Eichstätt 1880). II. Absch. Kap. VI. „Auch wenn ein vierdimensionaler Raum möglich wäre, würde er doch die spiritistischen Phänomene nicht erklären.“

26 Den Nachweis, dass ein Raum von mehr als drei Dimensionen den feststehenden Naturgesetzen widerstreitet, erbringt Ueberweg, Logik. S. 86 u. 87.

Fünftes Kapitel

Der Raum ist nicht lediglich ein subjektives Gebilde unserer Vorstellungskraft

Wenn Kant den Raum als etwas lediglich Subjektives erklärt, dann will er sich durch mehrere Gründe hiezu berechtigt halten. Er weist vor allem darauf hin, dass wir der Raumvorstellung gar nicht loswerden können. Wir können wohl alle Dinge im Raum wegdenken, aber es ist uns unmöglich, zu denken, dass der Raum selber nicht sei; er ist unzertrennlich mit unserm Vorstellen verbunden.

Kant verwechselt hier den abstrakten Begriff Raum mit der Phantasievorstellung vom Raum. Sicher kann ich alle ausgedehnten Wesen aus meinem Erkennen entfernen, und ebenso sicher ist es, dass nach dem Wegdenken aller Einzelräume und Einzeldinge noch der abstrakte Raumbegriff in meinem Denken übrig bleibt. Da nun unser Erkennen so eingerichtet ist, dass jeden Gedanken ein Sinnenbild begleitet, so folgt dem allgemeinen Gedanken vom Raum auch eine entsprechende Phantasievorstellung. Dieses Phantasiebild oder diese sinnliche Raumanschauung kann selbstverständlich, weil an bestimmte Räume und bestimmte Dinge nicht gedacht wird, keine bestimmten Dimensionen haben, sondern ist vag und unbestimmt. Diese indefinite Sinnesrepräsentation, die man in diesem Sinn eine reine Anschauung nennen mag, bleibt nach der Abstraktion von allen Körpern übrig, weil auch der Raumbegriff übrig bleibt; aber in keiner Weise kann daraus geschlossen werden, dass der Raum eine Vorstellung a priori sei.

Die Verwechslung der Sinnesvorstellung mit dem Begriff Raum und das Festhalten an der Ersteren als etwas Apriorischem hat Kant in weitere Irrtümer verstrickt. Um nämlich zu beweisen, dass Zeit und Raum nur Anschauungen und keine Begriffe sind, beruft er sich darauf, dass Zeit und Raum nur die Vorstellung von einem einzigen Gegenstand sind, denn die einzelnen Räume, wie die verschiedenen Zeiten sind nur Teile des einigen schrankenlosen Raumes und der einigen unendlichen Zeit. Die Vorstellung aber, die nur auf einen einzigen Gegenstand angewendet werden kann und nicht, wie der Begriff, auf viele Einzeldinge sich bezieht, ist nur Anschauung. „Der Raum“, schreibt er, „ist kein diskursiver oder, wie man sagt, allgemeiner Begriff von Verhältnissen der Dinge überhaupt, sondern eine reine Anschauung. Denn erstlich kann man sich nur einen einigen Raum vorstellen, und wenn man von vielen Räumen redet, so versteht man darunter nur Teile eines und desselben alleinigen Raumes.“[27]

Es ist richtig, dass die Phantasievorstellung vom Raum nur auf einen einzigen Gegenstand geht, weil jedes Phantasma, mag es noch so vag und schematisch sein, immerhin etwas Sinnliches und Konkretes vorstellt. Mag die reine Raumanschauung noch so unbestimmt sein, so ist sie doch nicht schrankenlos und unendlich, sondern hat Schranken und Grenzen. Denn jede Sinnesvorstellung ist etwas Bildliches, eine Nachbildung und erfordert deshalb wesentlich Schranken und Bestimmungen. Wer aber vermöchte von dem ein Bild zu zeichnen, was schrankenlos in Zeit und Raum sich erstreckt?

Wenn demnach Kant diese Raumanschauung mit dem unendlichen Raum identifiziert, so macht er sich abermals der Verwechslung von Sinnenbild mit intellektueller Vorstellung schuldig. Wir haben in unserm Geist allerdings die Vorstellung von einem schrankenlosen und unendlichen Raum, aber diese Vorstellung ist nicht die erste und am allerwenigsten eine aphoristische. Aus den sinnlichen Räumen, d. h. aus den Einzelräumen, die wir sinnlich erfahren, gewinnt der Verstand mittelst seiner Abstraktionskraft den allgemeinen Begriff Raum. Dieser Raumbegriff ist, weil er von jeder bestimmten Dimension absieht, unbestimmt; er stellt den Raum als etwas Indefinites vor, das keine bestimmten Grenzen hat, jedoch sie haben muss, wenn es wirklich wird. Diesen allgemeinen und abstrakten Begriff können wir durch Reflexion zum unendlichen und schrankenlosen Raum gestalten, indem wir die Dimensionen ohne Aufhören fortlaufend denken. Daraus sieht man, wie schmählich Kant irrt, wenn er dieses Produkt unseres Denkens, das den abstrakten Raum schon voraussetzt, zu etwas Ursprünglichem in uns macht.

Kant hat allerdings noch einen und, wie er glaubt, höchst schwerwiegenden Grund, um darzutun, dass der Raumbegriff nicht aus der äußern Erscheinung gewonnen werden kann. Er glaubt nämlich, dass wir nur deswegen unsere Sinneswahrnehmungen nach außen, d. h. an einen andern Ort, als in dem wir selbst sind, verlegen und sie dort örtlich unterscheiden können, weil wir die Vorstellung von Raum schon haben. „Damit gewisse Empfindungen“, sagt er, „auf etwas außer mir bezogen werden (d. i. auf etwas in einem andern Ort des Raumes, als darinnen ich mich befinde), ingleichen, damit ich sie mir als außer und nebeneinander, mithin nicht bloß als verschieden, sondern als in verschiedenen Orten vorstellen könne, dazu muss die Vorstellung des Raumes

27 Kritik de. V. 1. c. S. 46.

schon zu Grunde liegen. Demnach kann die Vorstellung des Raumes nicht aus den Verhältnissen der äußern Erscheinung durch Erfahrung erlangt sein, sondern diese äußere Erfahrung ist selbst nur durch gedachte Vorstellung allererst möglich.“[28]

Wir könnten diese Begründung einfach deswegen zurückweisen, weil sie auf der unerwiesenen Behauptung beruht, dass den Dingen an sich keine bestimmte Lage im Raum zukomme, sondern dass sie solche erst in Folge unserer Sinnesempfindung erlangen. Um jedoch an diesem neuen Irrtum die wahre Lehre zu entwickeln, gehen wir näher auf denselben ein, indem wir vor allem ganz entschieden leugnen, dass die sinnliche Vorstellung der Dinge im Raum die allgemeine Raumanschauung zur Voraussetzung habe. Die sinnliche Wahrnehmung oder Anschauung erkennt allerdings Äußeres, voneinander Distantes und Entferntes, aber der Sinn erkennt das Äußere nicht als Äußeres und von ihm Verschiedenes; ebenso wenig erkennt er, dass das eine an diesem und das andere an einem andern Ort ist, denn das sind lauter Verstandeserkenntnisse. Im Gegenteil, es muss zuvor der Sinn an den räumlichen Wesen sich betätigen und deren Ausdehnung und übrigen Qualitäten sich zur Anschauung bringen, auf dass dann der begreifende Verstand den Begriff von Körper, Raum usw. gewinne und dann erst erkenne, dass die Körper im Raum existieren und sich durch örtliche Lage unterscheiden. Kant hat auch hier wieder den Unterschied zwischen der sinnlichen und intellektuellen Erkenntnis übersehen. Die Sinne können recht wohl die Körper im Raum erfassen, ohne die Anschauung von Raum zu haben, weil diese zur sinnlichen Erkenntnis nicht nötig ist; dagegen kann der Verstand die Körper nicht als räumlich, i. e. im Raum existierend erkennen, wenn er nicht den Begriff Raum schon besitzt. Den Begriff Raum hat aber der Verstand nicht als einen primitiven nötig, um mit ihm die Körper zu erfassen; im Gegenteil, der Verstand erfasst zuvor die Begriffe von Körper, Ausdehnung usw. und dann erst den vom Raum, und noch später erkennt er, dass die Körper im Raum sind.[29]

Im Anschluss an das Gesagte bemerken wir wider Kant und seine Schule noch Folgendes: Es ist eine Tatsache, dass die Körper uns bald in diesem und bald in einem andern Raum erscheinen; bald befinden sie sich zueinander in dieser, bald in einer andern Lage. Diese verschiedene Lage der Körper im Raum wäre nicht denkbar, wenn sie lediglich im vorstellenden Subjekt ihren Grund hätte. Denn die angeborene oder auf unserer Organisation beruhende

28 Kritik d. V. S. 45.

29 Vergl. Kleutgen, d. c. W. Bd. I. n. 357-359.

Raumvorstellung ist etwas Unveränderliches und vermöchte nicht, dass wir uns die Körper bald an diesem, bald an einem andern Ort vorstellen. Demnach müssen wir schließen, dass die Körper, unabhängig von unserer Wahrnehmung, eine verschiedene Lage im Raum haben und dass sie uns deshalb im Raum auseinanderliegend erscheinen, weil ihr objektives Sein ein ausgedehntes und räumliches ist. Oder wer möchte sich zum Gedanken erheben, die Dinge sind an sich unausgedehnt; wenn wir jedoch dieselben uns vorstellen, dann werden sie ausgedehnt!

Ehe wir dieses Kapitel schließen, müssen wir uns noch mit dem gemäßigten Idealismus auseinandersetzen, welcher die schroffen Konsequenzen des Kantianismus vermeiden und der Erfahrung mehr Rechnung tragen will. Er erklärt zwar den Begriff Raum lediglich für etwas Subjektives, glaubt jedoch auch Gründe zu haben, um dessen Objektivität beweisen zu können.[30]

Um nicht zu lange zu werden, lassen wir von den oben aufgeführten Philosophen nur Ueberweg zu Wort kommen, der auf die stärkste Weise die Objektivität des Raumes festhalten will, ohne seinen idealistischen Standpunkt aufgeben zu müssen. Er geht nämlich davon aus, dass wir unsere psychischen Vorgänge genauso erkennen, wie sie sind. Da dieselben nun zeitlich verlaufen, so muss auch die Zeit in uns etwas Reales sein. Und weil außer uns andere beseelte Wesen existieren, so muss auch in ihnen die Zeit real sein. Ist aber die Zeit außer uns real, dann muss es auch der Raum sein, denn die Zeitordnung setzt die Gesetze der Mathematik und diese hinwiederum setzen den Raum voraus, folglich existiert außer uns ein Raum von drei Dimensionen. Hören wir ihn selber das Gesagte bestätigen: „Aus der Wahrheit der inneren Wahrnehmung folgt, dass mindestens die Zeitfolge nicht bloß eine subjektive Erscheinung, sondern eine Realität ist. Nun aber lässt sich, auch wenn nicht unmittelbar auf Grund der inneren Wahrnehmung den psychischen Gebilden die Räumlichkeit zugestanden wird, mittelbar aus der Realität der Zeit auch die Realität der räumlichen Ausdehnung in drei Dimensionen folgern, die danach auch den Dingen an sich selbst und nicht bloß unserer Auffassung der Dinge wird zugeschrieben werden müssen. Die uns empirisch gegebene Zeitordnung, der Wechsel von Tag und Nacht, der Wechsel der Jahreszeiten usw., ist an mathematisch-physikalische Gesetze gebunden, welche, den Prinzipien der Mechanik gemäß, nur unter der Voraussetzung eines Raumes, der mit dem

30 Vergl. die zitierte Abhandlung von Bender. S. 20ff.

Raum der sinnlichen Wahrnehmung in allen wesentlichen Beziehungen übereinkommt, bestehen können."[31]

Diese Bemühung, von psychischen Gebilden aus die objektive Welt zu erreichen, verdient sicher alle Anerkennung; es ist nur zu bedauern, dass sie vergeblich ist. Wir stimmen mit Ueberweg überein, dass wir unsere psychischen Vorgänge so erkennen, wie sie in uns sind, und dass wir infolge dessen der Zeitvorstellung uns genauso bewusst sind, wie sie in uns ist. Aber was soll daraus für die Realität der Zeit folgen? Daraus folgt nicht einmal, dass die Zeit in uns real ist, geschweige außer uns. Oder warum soll die Zeit deswegen etwas Reales in uns sein, weil wir die Vorstellung davon haben? Ueberweg kann sich auch darauf nicht berufen, dass wir in uns die Sukzession unserer Empfindungen erfahren, die in der Zeit verlaufen; denn die in uns vor sich gehende Aufeinanderfolge der Tätigkeit ist noch nicht Zeit. Aber auch wenn wir zugeben, dass die Zeit in uns nicht bloß eine Vorstellung, sondern eine Realität ist, so ist damit noch nicht festgestellt, dass sie auch außer uns eine Realität ist. Wenn Ueberweg sich damit helfen will, dass er sagt: Ist die Zeit in uns real, dann ist sie es auch „in anderen beseelten Wesen", so folgert er zu viel; denn es ließe sich daraus nur so viel folgern, dass sie auch in anderen Wesen real ist, wenn dieselben so organisiert sind, wie wir.

Wenn es sich mit der Objektivität des Zeitbegriffs so schlimm verhält, dann brauchen wir nicht mehr viel zu sagen, dass der Raum noch weniger etwas Reales sein kann, da Ueberweg seine Objektivität auf die der Zeit gründet, wie wir von ihm gehört haben. Bei dieser Begründung betont derselbe ganz besonders, dass unter der Voraussetzung, der subjektive dreidimensionale Raum sei nicht auch außer uns dreidimensional, die Welt uns nicht „in dem Maß verständlich" wäre und wir in einem solchen Fall allenfalls wohl eine „reine Geometrie, aber keine in sich harmonisch angewandte Geometrie, keine auf die durch Sinnesaffektionen bedingten Erscheinungen passende geometrisch-physikalische Erklärung" gewinnen würden. „Wir haben demnach allen Grund", so lautet sein Schluss, „anzunehmen, dass unsere Vorstellung von räumlich in drei Dimensionen ausgedehnten Substanzen nicht etwa Dinge, die an sich in ganz anderer Art existieren, symbolisiere, sondern wirklich in drei Dimensionen vorhandene Dinge repräsentieren."

Der Leser dürfte bereits erkannt haben, dass diese Gründe durchaus nicht hinreichen, um die Objektivität des Raumes mit zwingender Notwendigkeit darzutun. Sie lassen im besten Fall die Vermutung zu, dass auch außer uns

31 D. c. W. S. 85.

eine räumliche Welt sei, die unserer subjektiven Raumwelt parallel läuft. Aber da meine Raumvorstellung nicht vom räumlichen Sein der Außendinge abgezogen, sondern nur das Resultat unserer Empfindungsorganisation ist, so trägt sie auch nie und nimmer zu einer Außenwelt. Weil die alte Schule den Raumbegriff durch die objektive Welt erzeugt sein lässt als deren wahres Abbild, darum führt er notwendig und naturgemäß nach außen. Aber nie und nimmer darf ich aus einem rein psychischen Gebilde dessen Objektivität folgern. Wenn Ueberweg sagt, dass ein lediglich subjektiver Raumbegriff keine angewandte Geometrie zuließe, so scheint er sich in einer petitio principii zu befinden. Er hätte zuvor den Nachweis zu erbringen, dass wir tatsächlich die Außenwelt so auffassen, wie sie ist, und demnach eine „angewandte" Geometrie besitzen. Das dürfte mit seinem Raumbegriff nicht gelingen; leugnet ja auch er nicht, dass eine andere mathematische Auffassung der Dinge möglich ist. Ueberweg hat demnach den Idealismus nicht überwunden; seine Welt ist und bleibt ein psychisches Gebilde. Und dasselbe gilt von allen jenen Philosophen und Naturforschern, die ähnlich, wie Ueberweg, zu Werke gehen, weshalb wir, wie schon bemerkt, auf ihre Theorien nicht weiter einzugehen brauchen.[1]

Es ist richtig, dass manche dieser Männer einen ganz sicheren Weg gefunden zu haben glauben, um aus der Empfindungswelt in die Außenwelt zu gelangen. Sie betrachten nämlich die Empfindungen als Wirkungen und lassen mittelst eines unbewussten Schlusses die Ursache dieser Wirkungen, die Außendinge, erreichen. Bekanntlich huldigen Lange, Zöllner, Helmholtz, Wundt und viele andere dieser Auffassung, wobei sie jedoch die Sinnesempfindungen nicht als kongruente Abbilder der Außendinge, sondern nur als deren Zeichen und Symbole gelten lassen. Allein auch dieser gemäßigte physiologische Idealismus verhilft nicht zum gewünschten Ziel. Wir sehen dabei von der vielbesprochenen Frage ab, ob es „unbewusste" Schlüsse geben könne[2], und bemermerken nur, dass nach diesen Männern das Kausalitätsgesetz etwas rein Subjektives ist, das sich instinktiv bei der Sinnesempfindung betätigt und die

1 Über den Idealismus des Helmholtz, dem sowohl die realistische als idealistische Erkenntnistheorie nur hypothetischen Wert haben und dessen letztes Kriterium, „das ästhetische und moralische Gefühl" bilden, siehe Schwertschlager, d. c. Sch. S. 32.

2 Vergl. hierüber Brentano, Psychologie vom empirischen Standpunkt aus. Bd. I. S. 131ff.

Ursache derselben nach außen verlegt.[1] Welchen objektiven Wert sollen aber Schlüsse haben, die lediglich auf solch psychischen Gebilden sich aufbauen?[2]

1 Helmholtz z. B. definiert das Kausalitätsgesetz, das er überdies noch mit dem Prinzip des hinreichenden Grund verwechselt, lediglich als einen Trieb der Denkkraft, wenn er in seiner „Psychologischen Optik“ behauptet: „Das Gesetz vom zureichenden Grund ist vielmehr nichts anderes, als die Forderung, alles begreifen u wollen.“

2 Vergl. unsere Abhandlung: „Die Objektivität der äußeren Sinneswahrnehmung gegenüber der neueren Philosophie“ in d. Jahrb. der Görresgesellschaft. 1884. S. 90ff.

Sechstes Kapitel

Der Raum ist mit der Ausdehnung nicht identisch

Nach dem Bisherigen dürfte es keiner sonderlichen Schwierigkeit unterliegen, einzusehen, dass der Raum etwas Reales ist, und zwar etwas Reales an den Dingen. Die Schwierigkeit entsteht erst dann, wenn es gilt, die Realität desselben an den Dingen zu bestimmen. In dieser Beziehung haben wir von Cartesius und seiner zahlreichen Schule insgesamt gehört, dass der Raum sachlich mit der Ausdehnung zusammenfalle; die reale Ausdehnung erzeuge den realen Raum. Wir können jedoch dieser Ansicht aus folgenden Gründen nicht beipflichten.

Unter Raum versteht man allgemein etwas solches, das die Körper, i. e. ihre Quantität einschließt, in sich fasst und begrenzt; umgekehrt sagt man, dass der Körper, i. e. dessen Quantität vom Raum umschlossen, eingehüllt und gemessen wird; die körperliche Ausdehnung erhält durch den Raum Schranken. Die notwendige Folge ist dann, dass Raum und Ausdehnung nicht identisch sein können, wenn man nicht den Widerspruch behaupten will, dass Einschließendes und Eingeschlossenes identisch sind. Man kann diesem Schluss nicht dadurch entgehen, dass man sagt, die Menschen verstünden unter einer solchen Bezeichnung des Raumes nur den idealen oder möglichen Raum, aber nicht den wirklichen Raum der Körper, und deshalb sei der Widerspruch nicht vorhanden. Vom möglichen Raum könne man recht gut sagen, er sei etwas Umschließendes, während der reale Raum oder die Ausdehnung das Umschlossene sei. Es ist jedoch nicht richtig, dass die Menschen hiebei an den idealen Raum denken; im Gegenteil, sie denken an den realen Raum, wenn sie sagen, die Körper seien vom Raum eingeschlossen oder der Raum begrenze und beschränke die Ausdehnung der Körper. Der Gedanke an den idealen Raum hätte gar keinen Sinn, denn eine ideale Schranke kann die reale Ausdehnung nicht begrenzen und umschließen. Unser Schluss bleibt demnach bestehen.

In gleicher Weise sagen wir alle, dass sich die Körper von einem Ort zum andern, d. h. im Raum bewegen. Wäre nun der Raum mit der Ausdehnung identisch, so könnten wir nicht sagen, dass sich die Körper im Raum bewegen, sondern müssten sagen, dass sich die Körper mit ihrer Ausdehnung bewegen. Ebenso wäre es unmöglich, dass verschiedene Körper nacheinander denselben Ort einnehmen können, denn unter der gegebenen Voraussetzung müssten wir abermals sagen: Die Körper nehmen bei der Bewegung ihren Ort mit sich fort.

Unser Satz ergibt sich mit Evidenz auch daraus, dass die Definition von Raum und Ausdehnung verschieden ist. Unter Ausdehnung verstehen wir jenes Sein, das die Substanz teilbar macht; die Ausdehnung besagt jedoch nichts über die Lage und Distanz der Teile untereinander, noch zu bestimmten Punkten und Grenzen. Gerade in diesen letzteren Momenten haben wir den Ort oder bestimmten Raum der Körper gefunden. Demnach ist es unmöglich, dass Ausdehnung und Raum zusammenfallen, wenn wir auch zugeben, dass die Räumlichkeit die Ausdehnung wesentlich voraussetzt.

In anderer Weise lässt Leibniz aus der Ausdehnung den Raum hervorgehen. Ihm ist der Raum eine Ordnung der Koexistenz der Dinge; wie die Zeit das Nacheinander, so ist der Raum das Nebeneinander derselben. Wir brauchen hierüber nicht viele Worte zu verlieren, da Leibniz die Frage nach dem Raum nicht löst, sondern nur umgeht. Sicher kann man von einer Koexistenz nur dann reden, wenn diese Körper voneinander distant sind, d. h. in verschiedenen Teilen des Raumes zugleich existieren. Die Koexistenz setzt demnach den Raum schon voraus, aber sie konstituiert ihn nicht. „Damit die Dinge", sagt Kleutgen[1], „neben und nacheinander, und darum entfernt, nahe oder gegenwärtig sein können, müssen sie ja schon jedes für sich ihr Wo und Jetzt, ein dem Ort und der Zeit nach beschränktes Dasein haben. Was dies (der Grund jener Verhältnisse) in den Dingen sei, wollen wir wissen, wenn wir nach dem Wesen der Zeit und des Raumes fragen."

Baumann behauptet in seinem von uns öfters zitierten Werk, dass die Raumlehre des Leibniz „wesentlich keine andere sei, als die des Suarez".[2] Allein ganz mit Unrecht. Gerade Suarez ist es, der sich mit Entschiedenheit dagegen erklärt, den Raum lediglich in einem äußeren Verhältnis, in einer äußeren Lage zu suchen. Aus diesem Grund konnte er sich auch mit dem aristotelischen Raumbegriff nicht vollkommen einverstanden erklären, weil derselbe den Raum zu sehr äußerlich fasst. Die bestimmte Lage der Körper und ihrer quantitativen Teile im Raum gibt ihm nicht den Raum, sondern ist eine Folge des Raumes. Er suchte deshalb den Raumbegriff des Aristoteles durch den Nachweis zu vertiefen, dass die äußeren Raumschranken in einem

1 Philosophie der Vorzeit. I. S. 600.

2 II. Band. S. 88.

inneren Wo, in den Schranken des Seins der natürlichen Substanzen gründen.[3] Da wir darüber noch später reden müssen, begnügen wir uns mit dieser Bemerkung.

3 Dico primo, esse in quolibet corpore proprium quendum modum intrinsecum ex natura rei distinctum a substantia, quantitate et aliis accidentibus corporis, a quo modo essendi formaliter habet unumquodque corpus esse praesens localiter alicubi seu ibi ubi esse dicitur ... Dico secundo. Hic modus praesentiae non solum non provenit formaliter ab extrinseco corpore vel superficie ambiente, verum etiam nullo modo ex circumscriptione illius resultat ... Met. disp. 51. s. 1. n. 13 u. 18.

Siebtes Kapitel

Der innere Raum und der Raum als Kategorie des Seins

Wie schon aus dem vorausgehenden Kapitel ersichtlich, hat man der aristotelischen Raumlehre den Vorwurf gemacht, dass sie den Raum zu äußerlich fasse, da nach ihr derselbe in nichts anderem besteht, als in der umschließenden und den Körper umgebenden Oberfläche.[4] Denselben Vorwurf hat man auch der älteren Scholastik gemacht; sie soll nicht zur Erkenntnis des inneren Raumes, des inneren Wo gelangt sein. Wir glauben, dass dieser Vorwurf zu weit geht. Es ist allerdings zuzugeben, dass Aristoteles das äußere Moment des Raumes mehr betont und hervorhebt, als das innere, aber es ist nicht richtig, wenn man behauptet, dass nach ihm der Raum lediglich eine äußere Bestimmung des Körpers bildet. Er konnte schon deswegen nicht so lehren, weil nach ihm die Akzidentien etwas Reales an der körperlichen Substanz ausdrücken. Was die ältere Scholastik anlangt, so kann nicht bezweifelt werden, dass sie den Raum auch als etwas dem Körper Inhärierendes erkannt hat. Sie musste dies schon deswegen tun, weil sie den Ort oder Raum durch die Bewegung gewinnen lässt, und die Bewegung nur am bewegten Körper sich vollzieht und deshalb ihr Terminus an demselben auch etwas Positives sein muss. Dabei anerkennen wir gern, dass die neuere Scholastik dieses innere Wo mehr hervorgehoben und dadurch eine Vervollkommnung der aristotelischen Raumlehre bewirkt hat. Es ist ihr dies vornehmlich durch die Unterscheidung eines ubi extrinsecum und ubi intrinsecum gelungen, weshalb wir auf diesen doppelten Raum noch etwas näher eingehen müssen.[5]

Unter dem äußeren Raum oder dem locus extrinsecus versteht Aristoteles, wie wir gehört haben, die unmittelbar umschließende und einschließende Oberfläche; unter dem inneren Wo oder dem locus intinsecus dagegen versteht die Schule dasjenige, was die körperliche Substanz erlangt, wenn sie durch die

4 Vergl. Kleutgen d. c. W. I. Bd. n. 365.

5 Aliud est quaerere, quid sit locus extrinsecus, intra quem corpora dicuntur esse, quo dicuntur contineri et ad quem vel a quo dicuntur moveri; aliud est quaerere, quid sit id, quo corpora constituuntur formaliter in loco extrinseco et intra ipsum continentur, quod vocari solet ubicatio vel locus intrinsecus. Aristoteles et antiqui magis egerunt de loco extrinseco, quam de intrinseco. Silv. Maurus t. II. qu. 26.

Bewegung an einen Ort gelangt und von einer Oberfläche eingeschlossen wird. Daran kann nicht gezweifelt werden, dass dieses ubi intrinsecum etwas Reales an der Substanz ist. Es muss schon deshalb etwas Reales sein, weil es das Ziel und der Terminus der Bewegung ist. Die Bewegung, die selber etwas Reales ist, muss nämlich ein reales Ziel haben, dem sie zustrebt. Dieses Ziel kann nun nichts anderes sein, als das Ubi, die neue Beziehung zu anderen umschließenden Körpern, folglich ist der innere Raum etwas Reales.[6] Dasselbe ergibt sich auch aus folgender Erwägung: Der Körper, welcher sich an einen andern Ort bewegt, erleidet dadurch notwendiger Weise eine Veränderung. Er tritt nämlich zu anderen Körpern in eine neue Relation. Während vorher ihn diese Körper begrenzten, wird er nunmehr von anderen eingeschlossen. Diese neue Relation hat jedenfalls ihr Fundament im Körper und fügt demnach zur körperlichen Substanz etwas Neues hinzu, denn die körperliche Substanz ist als solche indifferent, an diesem oder jenem Ort zu sein. Notwendigerweise muss dann der Raum am Körper etwas Reales und Positives sein.[7]

So sehr die Realität des innern Wo allgemein anerkannt wird, ebenso sehr wird über das Verhältnis des inneren und äußern Raumes gestritten. Viele glauben, das Formale der Kategorie Ubi liege im inneren Raum; jeder Körper sei durch seine Quantität unabhängig vom umgebenden Körper irgendwo. Das räumliche Sein bestehe demnach nicht in einer Relation, sondern in einem von jedem Äußern Körper unabhängigen, absoluten Modus des Seins, wodurch die Körper anderen Körpern gegenwärtig und anderen distant werden. Weil dieser Modus aus der Natur der körperlichen Substanz hervorgeht und an sich keine umschließende Grenze erfordert, so ist der Körper an einem Ort, auch wenn er von keinem andern Körper begrenzt ist, wie dies z. B. bei der äußersten Himmelssphäre der Fall ist.[8]

Obwohl diese Ansicht von den hervorragendsten Philosophen und Theologen vertreten wird, so glauben wir doch der Ansicht jener beipflichten zu sollen, die in entgegengesetzter Weise lehren, dass das Formale des räumli-

6 Vergl. Joan. a St. Thoma 1. c. art. 2. et

7 Non potest intelligi, quod aliquis moveatur ad locum, nisi in se immutetur et subjiciatur seu applicetur ipsi loco: quae subjecto et aplicatio ad minus important novam aliquam relationem ad locum, cui de novo subjicitur, quae antea non erat in corpore, quando non erat applicatum tali loco: nova autem relatio novum exigit fundamentum proximum et hoc est ipsum corpus secundum se, quia hoc est indifferens, ut sit in hoc loco vel absit illo. Ergo est aliquid superadditum corpori et hoc vocamus Ubi. Joann. a St. Th. 1. c.

8 Vergl. Suarez, 1. c. disp. 51. s. 1. n. 13-22.

chen Seins in der umgebenden und enthaltenden Oberfläche der anderen Körper liege. Nach ihnen ist der innere Raum eine passive Bestimmung des Seins, ein innerlicher Seinsmodus, der jedoch vom äußeren Raum verursacht wird und daher ohne den circumscribierenden Körper nicht bestehen kann. Die Richtigkeit dieser Ansicht dürfte unschwer einleuchten, wenn man bedenkt, dass die Räumlichkeit oder Örtlichkeit eines Körpers nichts anderes besagt, als sein Verhältnis, seine Gegenwart oder Distanz für andere Körper. Der Körper ist an diesem Ort heißt so viel, als er ist zu den umgebenden und dadurch zu allen Körpern des Universums in eine bestimmte Ordnung, in eine bestimmte Lage usw. gebracht. Aus diesem Grund gebrauchen wir „Ort“ auch metaphorisch für die Rangordnung in Staat und Kirche und sagen, der befindet sich in höherer oder niederer Stelle oder höheren Orts ist es so beschlossen worden u. dgl. Das vom Raum Umschlossene oder das an einem Ort sich Befindliche und vom Ort Begrenzte hängt demnach notwendig vom Umschließenden und Begrenzenden ab. Der innere und äußere Raum ist deshalb voneinander untrennbar und fordern sich gegenseitig, und zwar in der Art, dass der äußere Raum das Konstitutiv und das Formale des Raumes bildet. Mag Aristoteles den inneren Raum zu wenig berücksichtigt haben, so hat er nichtsdestoweniger ihn richtig definiert, wenn er ihn in die umschließende und begrenzende Oberfläche verlegte, denn sie fordert den inneren, inhärierenden Raum. Der englische Lehrer bemerkt deshalb an vielen Stellen[1], dass nur dort Raum im eigentlichen Sinn sei, wo eine Substanz umschlossen und von anderen begrenzt ist. Die einfache Gegenwart an einem Ort gibt ihm nicht die Kategorie Ubi, sondern es ist dazu nötig, dass diese Gegenwart durch den Ort gemessen und beschränkt sei. Aus diesem Grund spricht er, wie wir noch des Näheren hören werden, der geistigen Substanz die Räumlichkeit im eigentlichen Sinn ab. Auch die späteren Schüler des Aquinaten hielten daran fest, dass das Formale der Kategorie Ubi im umschließenden und begrenzenden Körper (Ubi circumscriptivum) liege. Was man sonst noch räumlich und örtlich nenne, sei dies nur im uneigentlichen Sinn. In dieser Beziehung sagt z. B. Johannes a St. Thoma: Alia, quae dicuntur ubi, solum proprie dicunt praesentiam rei ad locum, sed non proprie dicuntur ubicare, quia ubicatio importat praesentiam, ut mensuratam loco, et ponentem distantiam vel propinquitatem in re

1 Locus est idem per essentiam, quod superficies corporis locantis. In II. Sent. qu 1. art. 5. ad 2. Vergl. Opusc. de natura loci.

locata respectu aliorum, qui modus ubicationis in ubi spirituali non invenitur.[1]

Aus dieser und früher angeführten Stellen ergibt sich, dass die mittelalterliche und noch mehr die neuere Scholastik die aristotelische Raumlehre dahin erweiterten, dass sie die Natur des Raumes in einer Schranke der Gegenwart fanden. Etwas ist hier und nicht dort, heißt demnach so viel: es ist in seiner Gegenwart beschränkt; es ist nur diesen Körpern und nicht anderen Körpern gegenwärtig. Durch die lokale Bewegung kommt der Körper an einen andern Ort, d. h., seine Gegenwart wird durch andere Körper gemessen, er ist anderen Körpern und nur diesen präsent. Obwohl die Räumlichkeit etwas Positives an der körperlichen Substanz ist, so drückt sie doch eine Unvollkommenheit derselben aus, weil eine Schranke in sich fassend. Diese Unvollkommenheit, so sagen uns dieselben Lehrer, gründet in der Natur der körperlichen Substanz. Der Körper ist seiner Natur nach ausgedehnt, d. h., er hat Teile außer Teilen. Da nun die Dimensionen des Körpers nicht unendlich sein können, so ist ein jeder Körper durch seine Quantität begrenzt; sein Sein reicht nicht weiter, als seine Ausdehnung. Die notwendige Folge davon ist, dass er von anderen Körpern umgeben oder umschlossen ist oder es sein kann.[2] Er ist wohl den Körpern, die ihn umschließen, gegenwärtig, aber weiter reicht feine Gegenwart nicht, weil auch seine Dimensionen nicht weiter reichen. Demnach ist es jeder körperlichen Substanz von Natur aus eigen, eine beschränkte Gegenwart und folglich eine beschränkte Wirksamkeit zu haben.[3]

Die Quantität der körperlichen Wesen ist aber nur deswegen eine endliche und beschränkte, weil auch das Sein der Körper ein beschränktes und gemessenes ist. Wohl ist das Formalprinzip des Körpers etwas Unausgedehntes und Überräumliches, allein es ist doch kein Prinzip, welches alles Sein verleiht, sondern es ist nur Prinzip für ein bestimmtes, spezifisches Sein; es verleiht nicht einmal alles körperliche Sein, sondern nur das Sein von dieser

---

1 Op. cit. qu. 16. a. 2.

2 Corporale per essentiam suam, quae circumlimitata est quantitatis terminis, determinatum est ad locum et per consequens virtus et operatio ejus in loco est. S. Th. in I. S. dist. 37. qu. 2. art. 1.

3 Wenn auch in der Quantität die Räumlichkeit wurzelt, so folgt daraus doch nicht, dass Letztere eine Spezies der Quantität bildet, denn die einschließende Oberfläche, welche das Formale des Raumes konstituiert, ist für den eingeschlossenen Körper kein inneres Maß, sondern ein äußeres (extrinsece mensurans), während sie ihre eigene Substanz innerlich misst. Diese äußere Beziehung ist zudem der umgebenden Oberfläche etwas Zufälliges, dagegen terminiert sie die eigene Substanz notwendig. Et ideo superficies et locus, licet sint unum materialiter, quantum ad id, quod quodlibet est ultimum continentis, tamen diversae sunt species constitutae per diversas formales rationes. S. Th. in Opusc. de natura loci.

oder jener Körperspezies. Ebenso ist die Wesensform wohl in Potenz zu aller Materie, aber nicht zu aller Materie quantitativ und gleichzeitig genommen, sondern immer nur zu einer bestimmten Materie — materia signata, wie auch jeder Form nur eine bestimmte Quantität korrespondiert, mittelst deren das körperliche Kompositum tätig und leidend ist. So trägt demnach die körperliche Substanz sowohl von Seite des Formal- als Materialprinzips wurzelhaft die Schranke in sich; es ist gemessen und beschränkt in seinem Sein, seiner Ausdehnung und Wirksamkeit und in allen Qualitäten, die aus ihm hervorgehen. So erklärt es sich abermals, und zwar auf Grund der körperlichen Natur, dass die Räumlichkeit eine Schranke bezeichnet, und zwar eine Schranke der Gegenwart. Weil beschränktes Sein, darum auch beschränkte Gegenwart. Auch hier bewahrheitet sich wieder das Wort: Omnia in pondere, numero et mensura disposuisti!

Die christlichen Denker blieben jedoch bei diesen Gedanken nicht stehen, sie gingen noch tiefer und suchten das räumliche Sein der Dinge aus der höchsten Ursache, aus Gott zu begreifen. Wie bei der Zeit, so fanden sie auch im Raum ein positives und ein negatives Element. Das Positive war ihnen die Gegenwart, das Negative die Beschränkung der Gegenwart. Da nach ihren erkenntnistheoretischen Prinzipien alles Vollkommene und Positive sich in Gott in unendlicher Weise finden muß, so teilten sie Gott eine Gegenwart zu, die alle möglichen und wirklichen Dinge in sich begreift; Gottes Sein ist nicht bloß allen wirklichen Räumen gegenwärtig (Allgegenwart), er könnte unendlichen Räumen gegenwärtig sein, wenn sie existierten. Weil aber alles Unvollkommene von Gott auszuschließen ist, so kennt Gottes Gegenwart keine Schranken. Auch unendliche Räume können ihn nicht ausmessen und begrenzen; er ist durch nichts messbar, er ist unermesslich — est ubique et continetur nusquam. Dabei ist noch ein weiteres Moment wohl zu beachten. Der Körper ist zwar den ihn einschließenden Körpern gegenwärtig, aber weil er nur durch seine Ausdehnung gegenwärtig ist, so ist er denselben nur teilweise durch seine quantitativen Teile präsent, indem er durch diesen Teil diesen Körper oder diesen Teil des Körpers und durch einen andern Teil jenen Körper oder einen andern Teil desselben Körpers berührt. Wie schon bemerkt, liegt in dieser Gegenwart etwas Unvollkommenes und darum kann die Gegenwart Gottes nicht solcher Art sein. Gottes Sein ist nicht nach Art einer Quantität allen Dingen präsent, sondern er ist seiner Substanz nach in allen Dingen und in allen Räumen. Und dabei ist wiederum zu beachten, dass Gott in all diesen Räumen nicht gegenwärtig ist im passiven Sinn, als ob er eingeschlossen und enthalten wäre, wie die Körper, sondern im aktiven Sinn, d. h., er schließt alle Körper und Räume in sich und misst sie und ist in ihnen, indem er ihnen das

Sein und Räumlichsein verleiht.[1] Gott ist aber nicht im Raum, wie die Körper, indem sein Sein über den Raum sich ausgießt und den Raum konstituiert, wie die Pantheisten wollen — non quasi pars veniens in constitutionem rei, — sondern er ist in jedem Wesen als die Quelle seines Seins und die causa prima all seiner Tätigkeit — est intra rem quasi operans et agens esse uniuscujusque rei.[2] Auf solche Weise gelangten die scholastischen Lehrer, ausgehend von der beschränkten Gegenwart der Körper, zu jener ebenso erhabenen, als trostreichen Lehre von der Unermesslichkeit Gottes, nach welcher Gott keinem aus uns fern ist, sondern substantial in jedem ist oder, besser gesagt, nach welcher jedes Wesen in ihm ist, lebt und sich bewegt. Gottes eigenes Sein ist der Schauplatz, auf welchem das Wirken des ganzen Universums sich abspielt. So sehr diesem unermesslichen Gott gegenüber das nach allen Seiten gemessene Sein der Kreatur nahezu in Nichts zerfließt, so gründet die beschränkte Gegenwart gleichwohl in der schrankenlosen Präsenz und ahmt dieselbe nach; es gäbe keine durch den Raum messbaren Dinge, wenn nicht ein Unermesslicher lebte. Wir brauchen nicht anzudeuten, wie sehr solche Gedanken über die aristotelische Raumlehre hinausgehen; wird ja gerade jetzt wieder darüber gestritten, ob der Gott des Aristoteles von den Dingen der Welt überhaupt eine Erkenntnis habe, geschweige denn, dass dieselben ihm ihr Sein und ihre Eigenschaften verdanken.

1 Propriissime Deo in loco esse convenit et ubique et non quidem ut mensuratum loco, sed ut dans loco naturam locandi et continendi; sicut dicitur esse in homine, in quandum dat homini naturam humanitatis et in qualibet re esse dicitur, in quantum dat rebus proprium esse et naturam. S. Th. in I. S. dist. 37. qu. 2. art. 1.

2 Ibid. qu. 1. art. 1. ad 1.

Achtes Kapitel

Die Compenetration und Reduplikation der Körper im Raum

Die Quantität macht die körperliche Substanz teilbar, und zwar gibt sie derselben solche Teile, von denen der eine außer dem andern liegt — partes extra partes. Da diese Teile ihrem Sein nach voneinander verschieden sind, so folgt daraus, dass sie auch ihrer örtlichen Lage nach voneinander verschieden sein müssen, d. h. dass da, wo der eine Teil ist, nicht zugleich der andere sein kann. Wollte man diese verschiedene Lage der Teile leugnen, dann müsste man auch leugnen, dass unsere Sinne an den Körpern eine Vielheit von Teilen wahrnehmen; denn nur in Folge der distinkten Lage der Teile erfassen unsere Sinne die kontinuierliche Quantität. Erfordert jedoch die Natur der Quantität, dass ihre Teile in verschiedenen Teilen des Raumes sind, dann gilt dieselbe Forderung auch für die Körper selber. Jeder Körper ist in Folge seiner Quantität von allen anderen localiter verschieden, d. h. an dem Ort, an welchem er sich befindet, kann kein anderer sein. Wie jeder Teil der Quantität den andern von dem Ort verdrängt, den er selber einnimmt, so verdrängt auch jeder Körper den anderen von dem Ort, den er inne hat. Man nennt diese Eigenschaft der Körper Impenetrabilität oder Undurchdringlichkeit.[3]

Aus dieser Begriffsbestimmung ergibt sich schon, dass die Undurchdringlichkeit nicht lediglich etwas Passives ist, wie Leibniz und Newton wollen, sondern dass sie auch eine Aktivität einschließt. Es verdrängt nämlich ein Körper jeden andern Körper von dem Ort, den er selber einnimmt, nur deswegen, weil er auf den eindringenden Körper eine widerstehende Kraft auszu-

3 Distinctio secundum situm primo et per se convenit quantitati dimensivae, quae definitur esse quantitas positionem habens; unde et partes in subjecto ex hoc ipso distinctionem habent secundum situm, quod sunt subjectae dimensioni et sicut est distinctio diversarum partium unius corporis secundum diversas partes unius loci per dimensiones, ita propter dimensiones diversas corpora distinguuntur secundum diversa loca. Duo enim corpora facit actualis diviso materiae corporalis; duas autem partes unius corporis divisibilitas potentialis. S. Th. Quodl. I. a. 21.

üben vermag.[4] Die Undurchdringlichkeit fällt demnach zusammen mit der Resistenz oder Widerstandskraft.

Bezüglich der Undurchdringlichkeit wurde in alter und neuer Zeit die Frage diskutiert, ob es möglich sei, dass zwei Körper denselben Ort einnehmen, so dass sie sich durchdringen und ihre Quantitäten unversehrt bleiben. In alter Zeit hat es nur wenige gegeben, welche aus Missverständnis gewisser Naturphänomene die Behauptung wagten, dass zwei Körper natürlicherweise im selben Raum sein könnten. Dagegen ist die Zahl derjenigen, welche in unseren Tagen die Durchdringlichkeit der Materie lehren, eine sehr große. Alle jene Philosophen und Naturforscher, welche den Stoff in Kraftzentren, Monaden, Henaden, Bewegungspunkte, kurz in unausgedehnte und einfache Atome verflüchtigt haben, lassen die Materie mehr oder minder durchdringlich sein und halten die Durchdringlichkeit für eine natürliche Eigenschaft des Stoffes; die Durchdringlichkeit soll nach manchen sogar eine wesentliche Eigenschaft des einfachen Atoms sein.[5] Allerdings wenn man sich den Stoff in solch immaterieller Weise denkt, dann bietet es keine sonderliche Schwierigkeit, die Atome sich durchdringen zu lassen. Nur entsteht sofort die Schwierigkeit, wie man denn bei einfachen, punktuellen Wesen überhaupt von Durchdringung reden könne. Der Begriff „Durchdringung“ ist ein quantitativer und kann nur auf ausgedehnte Wesen Anwendung finden. Wie kann man bei raumlosen Wesen fragen, ob sie im selben Raum sein können? Die Sache wird völlig widersprechend, wenn man die Monaden oder unausgedehnten Realen sich nur teilweise durchdringen lässt, wie Herbart will; denn das setzt voraus, dass sie ausgedehnt und teilbar sind. Stellt man die weitere Frage: wie aus unausgedehnten, durchdringlichen Atomen die undurchdringliche Ausdehnung resultieren kann, so erhalten wir keine oder neue Widersprüche in sich bergende Antworten. Manche wollen über diese Widersprüche derart hinwegkommen, dass sie zum „reinen Denken“ ihre Zuflucht nehmen. „Unserem Vorstellungsvermögen“, schreibt Martin[6], „ist es unmöglich, die Tatsache der Durchdringlichkeit zu begreifen, weil wir sie nirgends sinnlich erfahren können. Alle Stoffe, welche wir beobachten, sind schon Materie, also undurchdringlich. Das reine Denken muss es trotzdem unternehmen, die Durchdring-

4 Dicimus nos corpus esse actu impenetrabile ex aliqua activitate efficiente, quam singulae corporis partes exercent, vi alicujus potentiae activae particularis, toti corpori inhaerentis, et proinde singulis etiam entitatibus partialibus. Van der Aa S. J. Cosmologia. Lovanii 1885.

5 Wir nennen nur die Namen Herbart, Zöllner, Pfeilsticker, Martin.

6 Die letzten Elemente der Materie in den Naturwissenschaften und in Herbart‘s Metaphysik v. R. Martin. S. 61.

lichkeit der einfachen Wesen durch Abstraktion aller sinnlichen Attribute ebenso sicher zu stellen, wie ihr dies schon in Bezug auf die Ausdehnungslosigkeit gelungen ist.“ Gewiss durch das „reine“ oder, sagen wir besser, willkürliche Denken lässt sich alles Mögliche „sicherstellen“, warum sollte es nicht auch im Stande sein, aus Durchdringlichem Undurchdringliches, aus Unausgedehntem Ausgedehntes zu erzeugen!

Im vollen Gegensatz zu diesen erklären andere die Durchdringlichkeit geradezu für etwas Unmögliches, das auch Gott nicht bewirken könne. Außer Durandus kennen wir keinen mittelalterlichen Lehrer, der die Compenetration der Körper als in sich widersprechend behauptet. In unseren Tagen hingegen pflichten ihm alle bei, welche das Atom lediglich als ausgedehnt und in dieser Ausdehnung absolut unveränderlich auffassen. Diese kleinsten Massenteilchen können sich wohl in der verschiedensten Weise juxtaponieren, aber sie können sich nie und nimmer durchdringen, weil dadurch ihre Natur zerstört würde.

Zwischen diesen beiden Extremen gehen die meisten christlichen Philosophen bis auf unsere Tage einen Mittelweg und lehren, dass wohl in natürlicher Weise die Körper sich nicht durchdringen können, dass es jedoch der göttlichen Macht in keiner Weise widerstreite, dass mehrere Körper denselben Raum einnehmen. Wir schließen uns dieser Ansicht umso lieber an, als uns auch der Glaube ihre Wahrheit verbürgt. Die Offenbarung lehrt uns nämlich mehrere Tatsachen, bei welchen eine Durchdringlichkeit der Materie stattgefunden hat. Bei der Auferstehung z. B. ging der Heiland aus dem Grab hervor, ohne dass der Stein hinweggewälzt war, und desgleichen erschien er seinen Jüngern bei verschlossenen Türen. Was der Glaube über allen Zweifel erhaben macht, das vermag auch die Vernunft zu erweisen; auch nach ihr erscheint es für die göttliche Macht nicht widersprechend, dass zwei Körper am selben Ort sich befinden. Die Undurchdringlichkeit hat nämlich darin ihren Grund, dass die Teile der kontinuierlichen Quantität der Lage nach verschieden sind, wie wir oben auseinandergesetzt haben. Dadurch, dass die Teile außer einander in den verschiedenen Teilen des Raumes liegen, wird die dreifache dimensive Ausdehnung bewirkt. Es kann nun keinem Zweifel unterliegen, dass Gott als die höchste Ursache die Wirkungen seiner Geschöpfe im Sein erhalten kann ohne die Ursachen, aus denen sie hervorgegangen sind. Daraus folgt aber notwendig, dass dann Gott auch die Dimensionen zweier Körper im selben

Raum erhalten kann, auch wenn sie sich der Lage nach nicht unterscheiden.[7] Der Beweis gewinnt noch mehr, wenn wir nochmal darauf aufmerksam machen, dass die Undurchdringlichkeit ohne Kraftäußerung nicht begriffen werden kann. Der Körper ist nicht lediglich ob seiner Masse impenetrabel, sondern vornehmlich ob der widerstehenden Kraft, welche den andringenden Körper nicht in den eigenen Ort eindringen lässt. Es kann nun abermals nicht im Mindesten bezweifelt werden, dass Gott wohl keinen Körper ohne Widerstandskraft erschaffen, dass er jedoch verhindern kann, dass diese resistierende Kraft sich betätige und wirke. Vermag er aber solches, dann kann er auch zwei Körper sich durchdringen lassen.

Diejenigen, welche die Compenetration der Körper für absolut unmöglich erklären, berufen sich unserer Beweisführung gegenüber vornehmlich darauf, dass eine solche Compenetration notwendig zur Folge hätte, dass aus zwei Körpern ein einziger würde.[8] Die Durchdringlichkeit der Körper sei deshalb nur mit der Vernichtung der Köper möglich und darum widerstreite sie offenkundig dem Kontradiktionsprinzip. Locke, der, wie bemerkt, besonders diesen Einwurf erhebt, bedenkt nicht, dass die Durchdringlichkeit nicht das Sein der beiden Körper aufhebt, sondern nur ihre verschiedene Lage im Raum. Die beiden Körper würden nur dann ein einziger Körper, wenn sie sich chemisch zu einem Körper verbinden würden; die Compenetration ist aber kein chemischer Prozess, sondern besteht dem Gesagten zufolge darin, dass Gott jedem Körper das Sein erhält, nur ist dieses Sein nicht lokal verschieden. Die beiden Körper haben ihr Sein und ihre Quantität unvermischt, nur haben sie dieselben nicht an verschiedenen Orten, sondern im selben Ort.[9] Soviel ist zuzugeben,

7 Duo corpora esse in eodem loco prohibentur ex dimensionibus, quia materia corporalis secundum dimensiones dividitur; dimensiones autem distinguuntur secundum situm. Deus autem, qui est omnium causa prima, potest conservare effectus in esse sine causis proximis; unde sicut conservat in sacramento altaris accidentia sine subjecto, ita potest conservare distinctionem materiae corporalis et dimensionum in ea absque diversitate situs. Miraculose ergo fieri potest quod duo corpora sint in eodem loco. S. Th. Quodl. I. a. 22.

8 „Könnten zwei Körper gleichzeitig an demselben Ort sein, so müssten diese zwei Stücke des Stoffes ein und dasselbe sein, mögen sei groß oder klein sein; ja alle Körper müssten dann dieselben sein ... Allein es ist ein Widerspruch, dass Zweie eins seien." Locke d. c. W. II. Buch Kap. 27. §. 2.

9 Non potest esse, quod corpora duo remaneant duo, et tamen sint simul, nisi utrique conservetur esse distinctum, quod prius habebat, secundum quod utrumque erat ens indivisum in se et divisum ab aliis ... Et quia causa prima potest conservare rem in esse cessantibus causis secundis, ideo divina virtute fieri potest et ea sola, quod corpori remaneat esse distinctum ab alio corpore, quamvis ejus materia non sit distincta in situ ab alterius corporis materia. S. Th. in IV. S. dist. 44. qu. 2. a. 2. sol. 3.

dass für unsere Sinne und folglich auch für unsern Verstand die beiden Körper nicht zu unterscheiden sind, da unsere höhere Erkenntnis von der sinnlichen Vorstellung abhängig ist und der Sinn die Quantität nur in Folge der Verteilung des Stoffes in den verschiedenen Teilen des Raumes erfasst. Daraus aber, dass unsere Erkenntniskraft zwei Körper, die denselben Ort einnehmen, nicht zu unterscheiden vermag, folgt nicht, dass dieselben überhaupt nicht mehr zu unterscheiden und darum ein Körper geworden sind; eine von der Sinneserfahrung unabhängige Denkkraft vermag solche Körper sicher zu unterscheiden.

Mit der vorausgehenden Frage über die Compenetration der Körper hängt eine andere innig zusammen, nämlich die Frage, ob ein und derselbe Körper an zwei oder mehreren Orten zugleich sein könne. Selbstverständlich ist die Lösung derselben mit viel größeren Schwierigkeiten verbunden, als die Untersuchung über die Durchdringlichkeit des Stoffes, namentlich, wenn die Frage dahin formuliert wird, ob ein Körper circumscriptiv, d. h. seiner Ausdehnung nach zugleich an zwei Orten sein könne.

Ausgehend vom Geheimnis der Eucharistie, welches uns die Gegenwart des Leibes Christi an vielen Orten lehrt, glaubt Skotus und seine Schule, dass es durchaus kein Widerspruch sei, wenn ein Körper circumscriptiv an mehreren Orten ist. Ihm folgten die späteren Scholastiker, nämlich die Conimbricenser, Suarez, Bellarmin, de Lugo und einige aus unserer Zeit, wie Franzelin, Pesch[10] und Van der Aa[11]. Dagegen halten der englische Lehrer und fast alle seine Schüler in alter und neuer Zeit (darunter Bonaventura, Heinrich von Gent, Durandus, Vasquez usw.) dafür, dass es auch durch kein Wunder möglich sei, dass ein Körper seiner Ausdehnung nach zugleich an zwei Orten sei. Ihm ist die Reduplikation der Körper im Raum ein Widerspruch und darum schlechterdings unmöglich. Durch die Quantität ist nämlich der Körper im Raum und im Ort, und zwar so, dass er vom Raum begrenzt und gemessen wird. Was aber so im Raum ist, dass es vom Raum begrenzt wird, das kann nicht zugleich außerhalb seiner Grenzen und seines Ortes sein, wenn man nicht behaupten will, dass etwas zugleich begrenzt und gemessen und zugleich nicht begrenzt und nicht gemessen sei. Unmöglich ist es deshalb, dass

10 Philos. naturalis p. 520 sq.

11 Op. cit. p. 107 sq.

ein Körper zugleich an zwei Orten sich ausdehne und einen doppelten Raum erfülle.[1]

Der Beweis lässt sich auch auf folgende Weise bilden. Die fragliche Vervielfältigung im Raum ist nur so zu denken, dass entweder die Quantität geteilt wird und infolge dessen der eine Teil diesen Raum und der andere Teil einen anderen ausfüllt, oder dass die Quantität multipliziert wird. In beiden Fällen aber liegt der Widerspruch offen auf der Hand. Wird die Quantität geteilt, dann widerstreitet dies ihrer Einheit. Zum Wesen der Quantität oder des Kontinuums gehört die Ungeteiltheit — indivisum in se et divisum ab omni alio. Die auf solche Weise geteilte Quantität wäre sicher nicht mehr ungeteilt und sicher nicht mehr eine Einheit. Erklärt man jedoch die Reduplikation dahin, dass man sagt: Die Quantität wird nicht geteilt, es wird nur dieselbe Quantität multipliziert, so dass sie an einem anderen Ort nochmal vorhanden ist, so entgeht man auch in diesem Fall dem Widerspruch nicht, denn eine Multiplikation der Quantität zieht notwendig eine Multiplikation des Körpers nach sich, und demnach hätte man nicht mehr einen einzigen Körper, sondern zwei Körper, von denen der eine an diesem, der andere an einem anderen Ort sich befindet.[2]

Die Gegner berufen sich mit Vorliebe auf das Geheimnis der Eucharistie. Weil der Leib Christi einerseits zugleich im Himmel und im Sakrament des Altars und andererseits in diesem Sakrament zugleich an zahllosen Orten der Welt ist, so soll es der Macht Gottes nicht unmöglich sein, dass ein Körper quantitativ zugleich an mehreren Orten ist. Allein diese Berufung stützt in keiner Weise die Ansicht der Gegner, weil der Leib Christi in ganz anderer Weise im Himmel gegenwärtig ist, als er im Sakrament zugegen ist. Im Himmel ist er in circumscriptiver und quantitativer Weise, im Sakrament dagegen in unteilbarer und unausgedehnter Weise — per modum substantiae.[3] Weil die die Gegenwart Christi im Himmel einem ganz anderen Genus angehört, als seine sakramentale Gegenwart, darum ist es durchaus nicht widersprechend,

---

1 Dicendum quod aliquod corpus esse localiter in aliquo loco, nihil est aliud quam corpus circumscribi et comprehendi a loco secundum commensurationem propriarum dimensionum. Quod autem comprehenditur a loco aliquo, ita est in ipso loco, quod nihil ejus est extra locum illum: unde ponere, quod sit localiter in hoc loco, et tamen sit in alio loco, est ponere contradictoria esse simul. Unde secundum praemissa hoc a Deo fieri non potest. S. Th. Quodl. III. a. w.

2 Vgl. Alb. Magnus Lib. de sex princip. tr. V. c. 1. u. Goudin „Philosophia juxta inconcussa tutissimaque Divi Thomae dogmata" t. II. disp. III. qu. 4., woselbst er die Gründe des Skotus widerlegt.

3 Vgl. S. Th. s. Th. III. qu. 76. a. 5 u. Joann. a St. Thoma 1. c. a. 5.

dass der Leib Christi zugleich im Himmel und zugleich auf Erden auf zahllosen Altären weilt.

Wenn sich die Gegner noch darauf berufen, dass Christus der Herr und einzelne Heiligen zugleich an verschiedenen Orten erschienen sind, so ist auch damit keineswegs erwiesen, dass ein Körper seiner Ausdehnung nach an mehreren Orten sein kann. Diese Bilokation der Heiligen kann nämlich auf verschiedene Weise erklärt werden. Entweder sind die Heiligen an dem einen Ort mit ihrem wirklichen Leib gewesen und an einem anderen in einem angenommenen Leib erschienen oder sie sind an ihrem Ort geblieben und an einem anderen Ort hat ein Engel in einem angenommenen Leib ihre Stelle vertreten und ihre Angelegenheiten besorgt.[1]

Wenn wir die Erscheinung der Heiligen an mehreren Orten in der Weise erklären, dass sie an dem einen Ort mit ihrem wirklichen Leib erschienen sind, an dem anderen mit einem phantastischen, so haben wir damit bereits zugegeben, dass darin kein Widerspruch liegt, wenn derselbe Körper an einem Ort circumscriptiv und an einem anderen Ort definitiv oder wenn er an beiden Orten definitiv ist. Der Substanz als solcher widerstreitet es nämlich nicht, an mehreren Orten zu sein. Die Substanz als solche hat mit dem Raum nichts zu schaffen und wird vom Raum nicht gemessen; sie wird nur durch die Quantität räumlich, und nur der mit Quantität behafteten Substanz widerstreitet es, an einem doppelten Ort zu sein. Die Substanz des Holzes findet sich tatsächlich an einem Stück Holz an mehreren Orten, denn dieselbe Substanz ist in den verschiedenen Teilen des Holzes, welche ihrer Lage nach an verschiedenen Orten sind.

Man kann dagegen nicht einwerfen und sagen: Der Körper, der an einem Ort der Ausdehnung nach ist, ist an diesem Ort seinen Grenzen nach, d. h., er ist von diesem Ort begrenzt und eingeschlossen und kann deshalb nicht mehr an einem anderen Ort existieren, denn es kann ein Körper nicht außerhalb seiner Grenzen existieren. Man kann nicht so sagen, weil dadurch, dass ein Körper circumscriptiv an einem Ort ist, nur so viel unmöglich gemacht ist, dass er nicht zugleich auch an einem anderen Ort seinen Dimensionen nach eingeschlossen ist, aber es ist damit nicht jede andere Existenzweise ausgeschlossen, die zum Ort nicht in wesentlicher Beziehung steht. Gottes Macht kann deshalb bewirken, dass ein Körper einen Ort mit seinen Dimensionen

1 Vgl. Silv. Maurus Quaest. philos. t. II. qu. 28. ad 4.

ausfüllt und an einem anderen Ort durch seine Wirksamkeit oder sonst wie gegenwärtig ist.[1]

1 Man hat darin einen Widerspruch finden wollen, dass der Aquinate einerseits es für möglich halte, dass zwei Körper im selben Ort sich befinden, und andererseits es für absolut unmöglich erkläre, dass ein Körper in extensiver Weise an zwei Orten sei, da ja doch in beiden Fällen der Ort sich in derselben Weise zu dem in ihm befindlichen Körper verhalten müsse. Allein der hl. Lehrer gibt darauf die schlagende und zugleich den innersten Grund der Streitfrage berührende Antwort, indem er lehrt: Esse in pluribus locis simul repugnat individuo ratione ejus quod est esse indivisum in se; sequeretur enim, quod esset distinctum in situ. Sed esse cum alio corpore in eodem loco repugnat ei quantum ad hoc quod est esse divisum ab alio. Ratio autem unius perficitur in indivisione. Sed divisio ab aliis est de consequentibus ad rationem unius. Unde quod idem corpus sit localiter simul in diversis locis includit conradictionem, sicut quod homo careat ratione; sed duo corpora esse in eodem loco non includit contradictionem, ut ex dictis patet; et ideo non est simile. In IV. S. dist. 44. qu. 2. a. 2. sol. 3. ad 4.

Neuntes Kapitel

Die Räumlichkeit der geistigen Substanz

Diejenigen, welche die Zeit auch in der geistigen Welt finden wollen, mildern ihre Lehre wenigstens dadurch, dass der geistigen Substanz eine geistige Zeit — tempus spirituale — zukomme. Dagegen lehren dieselben mit wenigen Ausnahmen, dass die Räumlichkeit der Menschenseele und dem reinen Geist im eigentlichen Sinn anhafte. So behauptet Alex. v. Hales, dass der Engel im vollen Sinn des Wortes im Raum sei und darum vom Raum oder Ort eingeschlossen und gemessen werde. Doch hält er diese Befähigung der Körper, den Engelgeist zu messen und zu umschließen, nicht für eine natürliche und aus dem Wesen des Körpers kommende, sondern sie ist ihm eine dem Körper von Gott verliehene Befähigung. In corporali creatura est proprietas, tamen divinitus data, secundum quam potest continere spiritus, licet hanc proprietatem non habeat ex parte illa, ex qua est corpus, sed ...[1] Er hält jedoch selber seine Lehre nicht für sicher und trägt sie sine praejudicio melioris sententiae vor.

Im Anschluss an den doctor irrefragabilis lehrt auch Bonaventura, dass der reine Geist im eigentlichen Sinn räumlich sei; er weicht nur insofern von ihm ab, als er die Befähigung, den Geist zu messen und zu begrenzen, als eine in der Natur der Körpersubstanz liegende erklärt.[2] Als etwas Ausgedehntes hat nämlich der Körper Teile, die ihrer Lage nach verschieden sind; der eine ist hier, der andere dort. Da nur der Körper solche der Lage nach verschiedene Teile kennt, so ist er allein befähigt, den Geist zu messen und räumlich zu machen.[3] Doch findet auch er den Grund für diese Räumlichkeit in einer Schranke des Seins; sie ist eine Beschränkung der Gegenwart des geschaffenen Geistes. Die Ordnung des Universums fordert, dass der eine Geist hier wirke, der andere an einem andern Ort. Dies hindert jedoch den seraphischen Lehrer nicht, wiederholt zu betonen, dass der Geist in ganz anderer Weise

1 S. th. p. II. qu. 32. m. 1.

2 Data est corpori potentia locandi spiritum et spiritum contineri a corpore. In II. S. dist. II. pars 2. aert. 2. qu. 1.

3 Quia in solo corpore est distinctio secundum hic et ibi. Ibid.

räumlich ist, als der Körper. Letzterer ist ihm im eigentlichen Sinn örtlich, während der Geist „minus proprie" ein Raumwesen genannt werden muss.[1]

Auf andere Weise will Suarez die Räumlichkeit des Geistes begründen. Er sucht zuvor nachzuweisen, dass dem Engel die lokale Bewegung im vollen Sinn des Wortes eigne. Er tut dies außer anderen Gründen auf folgende Weise. Sicher kann der reine Geist von einem Ort zu einem andern sich begeben, sei es, dass er allein einen Ort verlässt und einen andern einnimmt, so dass sich kein Körper lokal verändert, oder dass er mit einem Körper, etwa mit einem angenommenen Leib, einen andern Ort aufsucht. In jedem Fall bleibt wahr, dass seine Gegenwart eine andere wird; er verliert etwas, indem er den Körpern nicht mehr nahe ist, denen er gegenwärtig war, und er gewinnt etwas, indem er anderen Körpern nahe kommt, denen er fern war. Dieses Gewinnen und Verlieren ist aber eine reale Veränderung, welche nur in dem sich bewegenden Geist vor sich geht, folglich kommt die lokale Bewegung der geistigen Substanz im eigentlichen Sinn des Wortes zu. Kommt ihr aber die lokale Bewegung im eigentlichen Sinn zu, dann eignet ihr auch die Räumlichkeit im vollen Sinn des Wortes.[2]

Nach unserer Lehre vom Raum kann es keinem Zweifel unterliegen, dass die geistige Substanz nicht im eigentlichen Sinn im Raum sein kann. Das Formale der Kategorie Ubi liegt nämlich darin, dass die Substanz von der umgebenden Oberfläche eingeschlossen und dadurch gemessen ist — ubi circumscriptivum. Ein solches Gemessensein ist aber ohne Quantität nicht denkbar; nur in Folge der Quantität ist der Körper durch den Raum messbar.[3] Da nun die geistige Substanz quantitätslos ist, so kann sie auch nicht vom einschließenden Körper gemessen werden und demnach nicht im eigentlichen Sinn räumlich sein. Werden wir aber dann mit Durandus sagen, dass sie überräumlich ist oder gar, dass sie all überall ist? Sicher nicht; denn auch vom Geist steht fest, dass er irgendwo ist und nicht überall; auch von ihm muss man sagen: Er ist da und nicht dort. Aus diesem Grund lehrt der hl. Thomas, dass etwas in doppelter Weise an einem Ort sein könne. Einmal im eigentlichen Sinn, wie die Körper, die von ihrem Ort umschlossen sind; dann im weiteren und uneigentlichen Sinn, in welchem man nichts Weiteres ausdrü-

1 Sicut esse in loco est dupliciter, quia circumscribitur, et quia diffinitur: et illud proprie est locale, quod circumsribitur, aliud autem quodammodo est locale, quodammodo non. In I. S. dist. 37. pars. II. a. 24. qu. 1.

2 Quaest. disp. 51. s. 3.

3 Substantia locati ordinatur ad locum mediantibus dimensionibus propriis; et inde est, quod oportet dimensiones locati commensurari dimensionibus loci continentis. S. Th. Quodl. VIII. art. 8.

cken will, als dass etwas überhaupt in einem andern sei.[1] In dieser letzteren Weise kommt die Räumlichkeit auch der geistigen Kreatur zu. Um diesen Unterschied noch näher zu bestimmen, unterscheidet die Schule ein Ubi circumscriptivum und ein Ubi definitivum. Im circumscriptiven Sinn ist der Körper im Raum, indem er den Raum ausfüllt und daher ganz im ganzen Raum und teilweise in den Teilen des Raumes sich befindet. Der Geist dagegen ist keine Größe der Masse, sondern eine Größe der Kraft, und darum kann er nicht den Raum ausfüllen, sondern er kann nur seiner Kraft und Wirksamkeit nach im Raum sein. Und weil er einfach und unteilbar ist, so ist er ganz im ganzen Raum und ganz in den Teilen desselben.[2] Während jedoch der Körper von seinem Ort umschlossen und begrenzt ist, verhält sich umgekehrt die geistige Kreatur umschließend und den körperlichen Raum berührend — per contactum virtutis.[3]

So einleuchtend es ist, dass der reine Geist weder seiner Substanz, noch seiner Wirksamkeit nach überall ist, da beide beschränkter und endlicher Natur sind und darum auch nur in beschränkter Weise räumlich sein können, so schwer ist die Beantwortung der Frage, worin diese applicatio virtutis ad aliquem locum oder der contactus per virtutem bestehen soll. Nicht bloß Scotisten und Thomisten bekämpfen sich hierin, indem die einen den Engel nur der Substanz, die anderen nur der Tätigkeit nach, im Raum sein lassen, sondern auch die Thomisten sind nicht einig, welcher Art die Tätigkeit des Geistes ist, die dessen Räumlichkeit begründen soll.[4] Darin sind jedoch alle einig, dass auch beim reinen Geist die Räumlichkeit eine Schranke bedeute, eine Schranke seiner Gegenwart. Wie die Quantität der Masse, so ist auch die Quantität der Kraft eine gemessene und beschränkte. Daraus folgt auch, dass der reine

---

1 Esse aliquid in loco potest intelligi dupliciter; vel per modum aliarum rerum, id est, sicut dicitur aliquid esse in aliis rebus *quocunque modo*, sicut accidentia loci sunt in loco; vel *per modum proprium* loci, sicut locata sunt in loco. S. th. I. qu. 8. a. 2.

2 Respondeo dicendum, quod angelo convenit esse in loco; aequivoce tamen dicitur angelus esse in loco et corpus. Corpus enim est in loco per hoc, quod applicatur loco secundum contactum dimensivae quantitatis; quae quidem in angelis non est, sed est in eis quantitas virtualis. Per applicationem igitur virtutis angelicae ad aliquem locum qualitercunque dicitur angelus esse in loco corporeo. S. Th. I. qu. 52. a. 1.

3 Ibid. qu. 8. art. 2. ad 1.

4 Cajet. in Summ. S. Th. I. qu. 52. a. 2. Der hl. Thomas drückt seine Ansicht, welche er für die rationabilior hält, mit den Worten aus: angelus et quaelibet substantia incorporea non potest esse in corpore vel in loco nisi per operationem, quae effectum aliquem in eo facit, vel praesidendo vel ministrando vel aliquo modo agendo; vel etiam a corpore in ea efficitur, quae in passione spirituum solum accidit. S. Th. in I. S. dist. 37. qu. 3. a. 1.

Geist nicht an mehreren Orten zugleich sein kann. Seiner beschränkten und gemessenen Kraft entspricht auch ein bestimmter und einzelner Raum. Es mag sein, dass derselbe vielen Körpern zugleich präsent sein und auf sie wirken kann, aber diese vielen Körper sind dann für ihn die bestimmte Raumsphäre, welche sein Sein und seine Kraft messen und über welche hinaus er wie nicht gegenwärtig, so auch nicht tätig sein kann; sie bilden für ihn nur einen Ort.[1]

Wenn wir im Anschluss an diese Erörterung über die Räumlichkeit des Geistes fragen, in welcher Weise die menschliche Seele räumlich sei, so kann es keinem Zweifel unterliegen, dass von ihr als geistiger Substanz im Wesentlichen dasselbe gilt, was vom reinen Geist; sie ist im definitiven Sinn räumlich und darum ganz im ganzen Raum und ganz in allen Teilen desselben. Weil aber die Seele zu ihrem Leib sich anders verhält, als der reine Geist zur Körperwelt, darum ist auch die Räumlichkeit der Menschenseele von der des reinen Geistes verschieden. Während der reine Geist dadurch räumlich wird, dass er auf die Körper wirkt und sie bewegt, ist die Seele für ihren Leib Formalprinzip, indem sie demselben Sein, Leben und Empfindung gibt; sie ist deshalb dem Leibe gegenwärtig per informationem.[2] Und weil sie alle Teile desselben informiert, ist sie ihrer Wesenheit nach ganz in allen Teilen desselben — per totalitatem essentiae. Die Seele kann aber nur deswegen ihrer Wesenheit nach in jedem Teil des Leibes gegenwärtig sein, weil sie nicht vom Leib circumscribirt und gemessen wird. Wäre Letzteres der Fall, dann wäre die ganze Seele im ganzen Leib und der einzelne Teil der Seele im einzelnen Teil des Leibes enthalten und durch denselben begrenzt. Gerade darin, dass die Seele nicht im eigentlichen Sinn räumlich ist, ist der letzte Grund gelegen, dass sie ihrer Natur nach in jedem Teil des Leibes ganz sein kann.

Man kann dagegen nicht einwerfen und sagen: die Seele steht in wesentlicher Beziehung zum Leib und darum bildet der Leib den Ort der Seele, welche demnach im eigentlichen Sinn räumlich ist, da sowohl ihr Sein, als ihre Tätigkeit vom Leib erschöpft und gemessen wird; über den Leib hinaus hat sie wie kein Sein, so keine Wirksamkeit.

---

1 Angelus est virtutis et essentiae finitae ... Virtus angeli, quia finita est, non se extendit ad omnia, sed ad aliquid unum determinatum ... Unde cum angelus sit in loco per applicationem virtutis suae ad locum, sequitur, quod non sit ubique nec in pluribus locis, sed in uno loco tantum. S. Th. s. th. I. qu. 52. a. 2. Vgl. in I. S. dist. 37. q. 3. a. 2.

2 Substantia spiritualis potest conferre rei corporali esse suum, in quantum est actus formae, ut sic forma ipsius efficiatur; et hoc modo anima est in corpore. S. Th. in I. S. dist. 37. qu. 3. a. 1.

Wir geben zu, dass die Seele als Formalprinzip zu ihrem Leib in wesentlicher Beziehung steht, aber diese Beziehung ist durchaus keine solche, wie sie zwischen dem Eingeschlossenen und Einschließenden, zwischen dem Körper und seinem Ort besteht. Jedes Formalprinzip hat nur insoweit Beziehung zur Materie, als es der Letzteren das Sein und die Vervollkommnung gibt. Daher sagt der englische Lehrer ganz kurz: Anima non est in corpore vel in partibus corporis, sicut in loco, sed sicut forma in materia, et ideo non sequitur, quod sit in pluribus locis.[1] Man kann deshalb nur im uneigentlichen Sinn sagen, dass die Kraft der Seele durch den Leib erschöpft sei und der Leib die Grenze für die Seele bilde; nur in dem Sinn, als man damit ausdrücken will, dass die Seele außerhalb des Leibes kein Sein hat und unmittelbar keine Tätigkeit entfalten kann. Man muss vielmehr sagen: die Seele schafft sich ihren Leib, erhält und vervollkommnet ihn — anima est in corpore ut continens, et non ut contenta.[2] Weil die Seele in solcher Weise dem Leib innewohnt, so enthält der Ausdruck der Schule „tota in toto et tota in qualibet parte“ keinen Widerspruch. Die Seele ist eben nicht als quantitatives Ganzes, sondern als Wesensganzes (totum essentiale) im Leib, und der Wesenheit widerstreitet es nicht, zugleich in mehreren quantitativen Teilen ungeteilt vorhanden zu sein.[3] Ähnlich wie das Wesen der Farbe in allen Teilen der gefärbten Fläche ganz und ungeteilt sich findet, oder dieselbe Gesundheit allen Teilen des gesunden Organismus in gleicher Weise angehört, keinem Teil mehr und keinem weniger.[4]

Weil die Seele als Formalprinzip des Leibes per accidens räumlich ist, so muss notwendig ihre Tätigkeit in gewissem Sinn ebenfalls der Räumlichkeit anheimfallen. Doch ist hiebei zwischen ihrer höheren und niederen Tätigkeit wohl zu unterscheiden. Die höhere Tätigkeit der Seele ist eine unorganische und vom Leib unabhängige; aus diesem Grund vollzieht sich die geistige Tätigkeit derselben in keinem Teil des Leibes, so dass man z. B. nicht sagen kann: die Seele denkt im Gehirn; man kann nur insoweit von der Räumlichkeit des menschlichen Denkens und Wollens reden, als sich dasselbe nicht

1 In I. S. dist. 8. qu. 5. a. 3. ad 2.

2 S. Th. s. th. I. qu. 52. a. 1.

3 Cum anima sit in una parte corporis, nihil animae est extra animam, quae est in hac parte corporis; non tamen sequitur quod animae nihil sit extra hanc partem corporis; sed quod nihil sit extra totum corpus, quod principaliter perficit. S. Th. quaest. disp. de anima art. 10. ad 3.

4 Videmus quod in animali perfecte sano est una sanitas in singulis partibus, nec major in majori, nec minor in minori. Si ergo hoc est in forma corporali, quanto magis in spirituali? S. Bonav. in I. s. dist. 8. pars II. a. 1. qu. 3.

außerhalb des Menschenleibes vollzieht.[1] Was dagegen ihre sensitiven und vegetativen Akte anlangt, so können sich dieselben ohne körperliches Organ in keiner Weise vollziehen. Organ und Vermögen bilden mitsammen das Tätigkeitssubjekt. Rücksichtlich dieser niederen Wirksamkeit ist demnach die Seele nicht ganz im ganzen Leib und ganz in jedem Teil, sondern man muss umgekehrt sagen, dass sie teilweise in den verschiedenen Teilen des Leibes wirkt. Ihrer Sehkraft nach ist sie nur im Auge und ihrer Hörkraft nach nur im Ohr, und dasselbe gilt von ihren übrigen organischen Kräften.[2] Aber auch diese verschiedene örtliche Lage, welche die Seelenkräfte am Leib haben, kommt ihnen nicht per se zu, sondern nur akzidentell; weil die Organe ausgedehnt sind, sind es per accidens auch die Potenzen, welche das ausgedehnte Organ beseelen. Die Kraft oder das Vermögen ist per se einfach und unausgedehnt.

Um dem Geist die Räumlichkeit im eigentlichen Sinn vindizieren zu können, beruft man sich, wie wir gehört haben, auf die lokale Bewegung, die dem Geist in gleicher Weise, wie dem Körper eigne. Besonders soll der Menschenseele die Ortsveränderung im vollen Sinn zukommen, da es ja tatsächlich ist, dass sie allen Bewegungen des Leibes folgt und mittelst dieser lokalen Bewegung Früheres verliert und Neues gewinnt.

Der Einwurf verschwindet durch die einfache Bemerkung, dass örtliche Bewegung, wie schon der Name sagt, nur jenen Wesen zukommen kann, die im Ort sind; nach dem Bisherigen dürfte feststehen, dass nur die Körper in Folge ihrer quantitativen Dimension örtlich sind, folglich kommt auch nur den Körpern die Ortsbewegung im eigentlichen Sinne zu.[3] Weil die Seele nur per accidens im Raum ist, darum gibt es für sie auch nur per accidens eine Bewegung.[4] Da der Leib, zu dem die Seele in wesentlicher Beziehung steht, sich

1 Istae duae partes, sc. intellectus et affectus, non sunt cogitandae in anima ut situaliter distinctae, sicut visus et auditus, qui sunt actus organorum. S. Th. de Verit. qu. 10.a. 9. ad 3. in contr. „Die Seele denkt im Gehirn" ist nur in dem Sinn richtig, als im Gehirn die Phantasmen sind, deren die Denkkraft zu ihrer Betätigung bedarf.

2 Potentiarum animae quaedam sunt in ea secundum quod excedit totam corporis capacitatem; sc. intellectus et voluntas; unde hujusmodi potentiae in nulla parte corporis esse dicuntur. Aliae vero potentiae sunt communes animae et corpori; unde talium potentiarum non oportet quod quaelibet sit in quocunque est anima, sed solum in illa parte corporis, quae est proportionata ad talis potentiae operationem. S. Th. s. th. I. qu. 76. a. 8.

3 Moveri in loco includit esse in loco; unde ad hoc aliquid per se moveatur in loco, oportet quod per se sit in loco et quod per se moveatur, non ad motum alterius. S. Th. in IV. S. dist. 10. qu. 1. a. 3. sol. 4.

4 Anima dicitur esse in loco per accidens, inquantum est pars compositi, quod est in loco per se; et sic movetur per accidens in loco. S. Th. in III. S. dist. 15. qu. 2. a. 1. sol. 2. ad 3.

von einem Ort zum andern bewegt, darum bewegt sich auch die Seele in ähnlicher Weise. Durch diese accidentelle Bewegung gewinnt jedoch die Seele nichts und verliert nichts; die Veränderung ist nur im Körper real, welcher durch die Ortsveränderung einen neuen Ort und dadurch neue Schranken, neue Distanzen usw. gewinnt. Oder was sollte die Seele rücksichtlich ihrer Gegenwart und Wirksamkeit gewinnen, wenn sie an diesem oder jenem Ort ist? Ob sie in Europa oder Asien lebt, so ist sie ihrem Leib in gleicher Weise gegenwärtig und an gleichem Ort ihres Leibes finden die Empfindungen und Lebensakte statt.[1] Mit Unrecht lassen deshalb unsere Gegner den reinen Geist und die Seele durch die lokale Bewegung reale Veränderung erleiden.

Der Vollständigkeit halber reden wir noch von einer dritten Räumlichkeit, die wohl nicht zur Philosophie gehört, aber mittelst ihrer Raumlehre illustriert wird; es ist dies die Räumlichkeit Christi in der Eucharistie. Selbstverständlich ist diese Räumlichkeit keine circumscriptive, da Christus seiner Quantität nach daselbst nicht gegenwärtig ist. Dieselbe ist jedoch auch keine definitive, weil der Leib Christi nicht deswegen gegenwärtig ist, um auf den Raum, i. e. die Gestalten von Brot und Wein zu wirken — per contactum virtutis —, sondern weil er auf Grund der Konversion von Brot und Wein zugegen ist. Wollte man aber auch diese Gegenwart eine definitive nennen, weil Christi Leib in unausgedehnter Weise nach Art der geistigen Substanz präsent ist, so geht dies aus dem Grund nicht, weil es zum Begriff der definitiven Räumlichkeit gehört, durch den Ort in gewissem Sinn gemessen und beschränkt zu sein; was definitiv örtlich ist, das kann nur an diesem Ort und nicht zugleich an einem andern sein. Das kann man aber nicht vom Leib Christi im Sakrament des Altares sagen, denn derselbe ist nicht der Art an diese oder jene Gestalt von Brot und Wein gebunden, dass er nicht auch anderswo gegenwärtig sein könnte. Er kann so viel Mal und an so vielen Orten gegenwärtig sein, als es Brot gibt, das in Christi Leib konvertiert werden kann.[2] Die Gegenwart Christi ist

1 Quilibet spiritus unitus corpori vel tanquam forma vel tanquam agens vel sicut corpus Christi est in sacramento, moto illo corpore dicitur moveri per accidens, non quia ex vi talis motus acquirat vel amittat aliquod ubi spirituale, cum hoc fieri non possit ex vi motus corporei ... et sic in se non mutant praesentiam ubicalem, sed continuant unionem ad corpus, quod mutat locum. Joann. a S. Th. 1. c. a. 3.

2 Corpus Christi, quamvis secundum veritatem sit sub speciebus, non tamen competit ei ratione sui: quia neque ratione suae quantitatis, neque ratione suae virtutis, sed ratione illius, quod in ipsum conversum est, tibi praeexistens, cujus dimensiones adhuc manent, quibus ad locum illum determinabatur; et ideo non definitur illo loco, sed simili modo potest esse alibi, ubicunque fuerint panis dimensiones conversi in ipsum. S. Th. in IV. S. dist. 10. qu. 1. a. 3. sol. 2.

darum weder eine circumscriptive, noch eine definitive, sondern sie ist ganz eigener Art, weshalb man ihr den Namen „sakramentale Gegenwart“ gegeben hat. Obwohl der Leib Christi seiner Substanz und Kraft nach wahrhaft unter den Gestalten zugegen ist, so ist ihm diese Gegenwart selbstverständlich nur etwas Akzidentelles. Daraus folgt, dass ihm auch die lokale Bewegung nur in akzidenteller Weise zukommt. Die Quantitäten von Brot und Wein, die im eigentlichen Sinn örtlich sind, bewegen sich auch in eigentlicher Weise; der Leib Christi wird nur per accidens an diesen oder jenen Ort hingetragen, wenn die Gestalten ihren Ort wechseln.[1]

Nach dieser Erörterung können wir, wenn wir Raum im weiteren, äquivoken Sinn nehmen, einen dreifachen Raum unterscheiden: 1) einen circumscriptiven Raum, den man mit Recht definieren kann als „circumscriptio passiva corporis a circumscriptione activa loci proveniens“; 2) einen definitiven, wodurch etwas so an einem Ort ist und wirkt, dass es nicht zugleich an einem andern Ort sein und wirken kann — „quod ita ponit determinate in una parte mundi, quod non sit in alia“; 3) einen sakramentalen oder jenes übernatürliche, geheimnisvolle Ubi, in welchem der Leib Christi unteilbar unter den sakramentalen Gestalten weilt — modus ille indivisibilis, qui convenit corpori Christi secundum praesentiam ad species sacramentales.[2]

1 S. Th. in IV. S. dist. 10. qu. 1. a. 3. sol. 4.

2 Vgl. Joann. a S. Th. 1. c.

Zehntes Kapitel

Ursprung des Raumbegriffs

In unserer Skizze über die verschiedenen Raumtheorien haben wir bereits angegeben, wie sich die verschiedenen Richtungen den Ursprung der Raumvorstellung erklären, so dass wir hier das bunte Bild nicht abermals zu zeichnen nötig haben. Nur bezüglich des modernen Idealismus müssen wir eine Ausnahme machen, einmal, weil wir seine diesbezügliche Lehre nur im Allgemeinen angegeben haben[1], und dann, weil sich an seine Lehre die peripatetische leicht anknüpfen lässt.

Wie schon oben angedeutet, hat sich der moderne Idealismus in der Frage um den Ursprung unserer Erkenntnis in zwei Richtungen geteilt, die man mit den Namen Nativismus und Genetismus bezeichnet.[2] Die nativistische Richtung, sich enger an Kant haltend, lässt unsere Vorstellungen und demnach auch die des Raumes a priori als etwas Ursprüngliches in unserm Geist sein; die genetistische legt mehr Gewicht auf die Entwicklung dieser Vorstellung mittelst der Sinnesempfindung. Da sich nach beiden Seiten wiederum mehrfache, oft weit auseinandergehende Meinungen gebildet haben, so müssen wir, um einen Überblick zu gewinnen, etwas näher darauf eingehen.

Der Nativismus hat sich in doppelter Weise gestaltet, so dass man einen psychologischen und physiologischen unterscheiden kann. Der Erstere hält fest, dass der Seele die Raumanschauung entweder angeboren ist oder von ihr bei Gelegenheit der Sinnesreize erzeugt wird. Die Seele kann die Empfindungen und Sinneseindrücke als solche nicht wahrnehmen, da sie einfach ist; sie wendet deshalb ihre aprioristischen Formen nur auf den Empfindungsstoff an. In welcher Weise die Anwendung vor sich gehe, d. h., welche bestimmten physiologischen Vorgänge die Seele veranlassen, einen Sinneseindruck räumlich zu gestalten, darüber gehen die Ansichten auseinander. Lotze hat zu diesem Zweck das Lokalzeichen eingeführt, nämlich jene Beschaffenheit der einzelnen Empfindung, wodurch Letztere die Seele zur aktuellen Raumvorstellung zu veranlassen vermag. In anderer, wenn auch verwandter Weise, will Herbart das schwierige Problem lösen. Ihm sind die hin- und hergehenden Bewegungen des Gesichts- und Tastsinnes die äußeren Bedingungen, auf dass

1 S. 58ff.

2 Vgl. Wundt, Logik. I. Bd. S. 452. „Der Ursprung der Raumanschauung."

auch die Seele die entsprechenden Vorstellungsreihen des Nebeneinander und damit die Raumanschauung produziere.

Den physiologischen Nativismus begründete Joh. Müller durch seine Lehre von den spezifischen Sinnesenergien. Er schreibt jedem Sinn eine besondere, eigentümliche Sinnesenergie zu, infolge deren er befähigt ist, den von außen kommenden Reiz in spezifischer Weise zu empfinden. Da diese Reize an verschiedenen Punkten des ausgedehnten Organs stattfinden, so wird der betreffende Reiz, etwa der Lichtreiz, als räumlich empfunden. Durch solche räumliche Empfindungen wird die Seele zur raumsetzenden Funktion veranlasst. Doch ist diese Lehre von den Sinnesenergien im Sinne Müller's von den gegenwärtigen Physiologen so ziemlich aufgegeben.

Beim Genetismus können wir ebenfalls zwei Richtungen unterscheiden, eine empiristische und eine mehr idealistische oder, wie Wundt will, eine präempiristische. Die Erstere läßt unsere Vorstellung vom Raum durch die Erfahrung entstehen. Da alle unsere Empfindungen als ausgedehnt erfahren werden, kommt das Denken notwendig zur Raumvorstellung, indem es diese Empfindungen in räumliche Ordnung bringt. Man sollte meinen, dass dieser Empirismus vom Idealismus eines Kant weit abliegt, allein die weitere Durchführung des rein empirischen Ursprungs unserer Vorstellungen ließ sich ohne Zuhilfenahme idealer Faktoren nicht vollziehen. Es entstand vor allem die Frage, wie solch' subjektiven Vorstellungen etwas Objektives, eine äußere Welt entsprechen soll. Wenn meine Raumwahrnehmung nichts anderes ist, als die Ordnung der Empfindungen, etwa von nebeneinander hergehenden Muskelbewegungen, wie soll ich dadurch zur Erkenntnis von räumlichen Dingen außer mir gelangen? Der Hauptvertreter dieser Richtung, der berühmte Physiker Helmholtz, half sich durch die Herbeiziehung von unbewussten Schlüssen. Er lässt uns das Kausalitätsgesetz angeboren sein, welches sich bei jeder Sinnesvorstellung betätigt und deren Ursache nach außen verlegt. Auf solche Weise erhält unsere subjektive Raumvorstellung objektiven Wert.

In umgekehrter Weise will die präempiristische Theorie den Raum nicht aus der Erfahrung entstehen lassen, sondern der Raum soll, wie die Zeit, als notwendige Bedingung der Erfahrung vorausgehen. Gleichwohl sollen Zeit und Raum keine angeborenen Formen des Denkens, sondern sie sollen psychische Gebilde sein, die aus dem Zusammenwirken unserer physischen und geistigen Organisation hervorgehen; die äußeren Einwirkungen bilden hiebei mehr eine gelegentliche Veranlassung, als eine eigentliche Ursache. Wie man sieht, stellt sich uns diese Theorie als eine Weiterbildung der Kant'schen Lehre dar; sie sucht jenen psychologischen Prozess zu zergliedern, aus dem die Raumanschauung hervorgeht, und die Anteilnahme der äußeren Erfahrung zu bestimmen. Außer anderen huldigt dieser Theorie Wundt. Er geht vom Grundgedanken aus, dass jede einzelne Art der Empfindung einfach, d. h. unräumlich ist; dass dagegen „überall, wo wir räumliche Vorstellungen vollziehen, verschiedenartige Empfindungskomplexe zusammenwirken müssen". Der Raumvorstellung liegt die „Verbindung der Netzhaut- und der Bewegungsempfindungen" zu Grunde. Demnach nennt er seine Theorie die der komplexen Lokalzeichen und erklärt sie mit den Worten: „Sie setzt zwei Systeme von Lokalzeichen voraus, deren Beziehungen beim Auge in der folgenden Weise zu denken sind. Das erste System, die festen Lokalzeichen der Netzhaut, bildet in jedem Auge ein Kontinuum von zwei Dimensionen. Vom zweiten System, das an die Bewegung gebunden ist und daher bei ruhendem Auge nur als reproduktiver Bestandteil zur Geltung kommt, wird vorausgesetzt, dass es, der einförmigen Beschaffenheit und intensiven Abstufung der Bewegungsempfindungen entsprechend, ein Kontinuum von nur einer Dimension darstelle. Den Prozess der Raumanschauung können wir nun kurz bezeichnen als eine Ausmessung des mehrfach ausgedehnten Lokalzeichen-Systems der Netzhaut durch die einförmigen Lokalzeichen der Bewegung. Seiner psychologischen Natur nach ist dieser Prozess eine assoziative Synthese: Er besteht in der Verschmelzung beider Empfindungskomplexe zu einem Produkt, dessen elementare Bestandteile in unserer unmittelbaren Vorstellung nicht mehr voneinander isoliert werden können. Indem diese Elemente völlig aufgehen in dem Produkt, das sie erzeugen, sind sie überhaupt einzeln nicht mehr unterscheidbar für unser Bewusstsein: Diesem ist nur das aus ihnen resultierende Produkt gegeben, die räumliche Anschauung."[1]

Aus dieser Übersicht ergibt sich klar, dass wir oben mit vollem Recht sagen konnten: der moderne Idealismus, so sehr er sich empiristisch zu färben suche, sei im Grunde nichts anderes, als modifizierter Kantianismus. Vom Nativismus kann dies keinem Zweifel unterliegen; bezüglich des Genetismus hat sich ebenfalls herausgestellt, dass schließlich immer der Apriorismus zu Hilfe gerufen werden muss, wenn aus der Empfindung der Raum entstehen soll. Eine spezielle Widerlegung beider Theorien ist deshalb nicht nötig, da wir die Kant'sche Raumlehre bereits zurückgewiesen haben. Nur gegenüber dem empiristischen Genetismus seien noch einige Gedanken zur Geltung gebracht.

Der Empirismus will den Raumbegriff dadurch entstehen lassen, dass die Seele die Empfindungen, seien es Gesichts- oder Tastempfindungen, räumlich

---

1 Ebend. S. 458.

gestaltet oder in räumliche Ordnung bringt. Allein eine solche Gestaltung ist schon deswegen nicht möglich, weil die Empfindung etwas Einzelnes, Zeitliches, Veränderliches, Organisches und Körperliches ist, während sich uns der Raum als etwas Abstraktes, Unveränderliches, Allgemeines und Übersinnliches darstellt. Wenn die Denkkraft nichts anderes tut, als dass sie den Erfahrungsstoff ordnet, so ordnet sie nur Singuläres und Konkretes, und folglich muss auch das Produkt dieser Ordnung etwas Singuläres und Konkretes sein. Nie und nimmer kann deshalb aus solcher Ordnung der Sinneseindrücke der allgemeine und abstrakte Raum entstehen. Der Beweis gewinnt umso mehr an Kraft, wenn wir festhalten, dass die Empfindungen „Akte" sind, nach den meisten Akte des Bewusstseins. Wie aber soll eine Ordnung von Akten den Raum geben? Eine räumliche Ordnung von Empfindungsakten scheint uns geradezu ein Widersinn der stärksten Art zu sein, umso stärker, als diese Empfindungsakte ausdrücklich als unausgedehnt und unräumlich, als etwas Einfaches erklärt werden.[2] Es kann ein einfacher Akt in der Zeit verlaufen; er kann länger oder kürzer dauern, aber zwei in der Zeit neben einander hergehende Akte geben keine Fläche, sie geben nur die Gleichzeitigkeit. Ist in den einfachen Empfindungen nichts Räumliches enthalten, dann mag die Seele ordnen so viel sie will, sie wird nie Raum produzieren.

Mehrere der aufgeführten Physiologen betrachten die Vorstellung als ein Bild des wahrgenommenen Gegenstandes. Besonders ist es Wundt, der an vielen Stellen die Vorstellung als ein „in unserm Bewusstsein erzeugtes Bild eines Gegenstandes"[3] bezeichnet. Allein wie soll das möglich sein, wenn unsere Vorstellung nichts anderes ist, als die Zusammensetzung von Empfindungen?[4] Kann die Verbindung von Netzhaut- und Bewegungsempfindungen zum Abbild des Gegenstandes werden? Und wenn wir das auch zugeben, so kann dies Bild doch nur ein sinnliches und konkretes sein. Unsere höheren Vorstellungen oder Begriffe sind aber abstrakte und allgemeine Bilder, die mit den Sinnenbildern und Sinnesobjekten keine Ähnlichkeit haben. Oder von welcher sinnlichen Raumfläche sollte der allgemeine Raumbegriff, der von allen bestimmten Dimensionen absieht, ein Abbild sein? Man sieht abermals, dass die Ordnung von Sinneseindrücken unmöglich das geben kann, was wir Gedanke, Idee oder allgemeinen Begriff nennen.

---

2 „Als Empfindungen sollen diejenigen Zustände unseres Bewusstseins bezeichnet werden, welche sich nicht in einfachere Bestandteile zerlegen lassen." Wundt, Physiologische Psychologie. Bd. I. S. 271 u. a. a. O.

3 D. c. W. Bd. II. S. 1 u. a. a. O.

4 „Die Vorstellung ist ... ein Zusammengesetztes. Sie enthält Empfindungen als ihre Bestandteile." Ebend. S. 2.

Davon wollen wir gar nicht reden, dass man auf solchem Weg, heiße er Nativismus oder Genetismus, nie und nimmer die Außenwelt erreichen könne. Es gilt von sämtlichen Richtungen, was Pesch dem Wundt gegenüber bemerkt, wenn er schreibt[5]: „Schade nur, dass Professor Wundt die Hauptsache vergessen hat. Er teilt uns nämlich nirgends mit, wie denn die rein subjektive Empfindung oder vielmehr, wie die Wahrnehmung eines rein subjektiven Gebildes das ‚Schwungbrett' sein könne, um durch einen bewussten oder unbewussten Schluss zu einer transzendenten Außenwelt zu gelangen, es sei denn, man habe bei der Wahrnehmung bereits etwas ‚Transzendentes' gegenständlich gehabt." Dass die unbewussten Schlüsse eines Helmholtz über diese Kluft nicht hinweghelfen, geht, abgesehen von allem andern, schon daraus hervor, dass diese Schlüsse auf dem angeborenen Kausalitätsgesetz sich aufbauen. Wie soll mich aber ein Schluss, so haben wir oben schon bemerkt, dessen Elemente sämtlich innerlich und subjektiv sind, zu einer objektiven Welt tragen?

Wenn wir aber auch alle diese Richtungen verwerfen müssen, weil sie unzureichend sind, den Ursprung unserer Vorstellungen überhaupt und speziell den des Raumes zu erklären, so müssen wir doch anerkennen, dass in ihnen allen sowohl der strenge Idealismus, als der reine Empirismus überwunden ist. Sowohl der Nativismus, als der Genetismus läßt die Ideen nicht einseitig entweder nur durch Verstandes- oder nur durch Sinnestätigkeit entstehen, sondern sie nehmen beide Faktoren, Sinn und Verstand, zu Hilfe. Die Vorstellung ist ein Produkt, das aus Sinnlichem und Idealem sich zusammensetzt. Der gemeinsame Fehler dieses gemäßigten Idealismus und Empirismus liegt jedoch, wie wir ebenfalls früher dargetan haben, darin, dass sie die Tätigkeit der Seele nicht als eine abstrahierende, sondern als eine die sinnlichen Bestandteile ordnende (synthetische Assoziation) fassen. Die alte Schule schreibt dem Verstand eine wahre Abstraktionskraft zu, d. h. eine solche, welche im Stande ist, aus der sinnlichen Vorstellung den Wesensgehalt herauszudenken, so dass dieselbe nicht Sinnliches analysiert und komponiert, sondern aus dem Sinnlichen ein ihr eigentümliches Objekt gewinnt. Sehen wir, wie auf diesem Weg der Begriff „Raum" entsteht.

Unser Verstand erkennt nicht bloß die Dinge des Universums, sondern erkennt auch, dass die Dinge einander umschließen, dass sie ineinander enthalten sind. Die Dimensionen des einen Körpers sind für den andern die einschließende und umhüllende Grenze. Der Verstand erkennt aber nicht bloß

5 Das Weltphänomen. S. 100.

dieses Eingeschlossen- und Enthaltensein der Körper, er vermag auch die einschließenden Dimensionen für sich und getrennt von den Körpern, denen sie angehören, zu erfassen und sie auf den eingeschlossenen Körper zu beziehen. Vermag der Verstand solches, und wer möchte daran zweifeln, dann vermag er auch, sich die Vorstellung von Raum zu bilden, d.h. von etwas dreifach Ausgedehntem, das einen Körper einschließt. Auf solche Weise gewinnt der Verstand aus dem Sinnenbild der eingeschlossenen Körper durch Abstraktion den Begriff Raum. Diese Raumvorstellung ist selbstverständlich etwas Unbestimmtes. Weil der Verstand in seiner abstrahierenden Tätigkeit von den bestimmten und singulären Dimensionen absieht, welche der sinnlich vorgestellte, einschließende Körper hat, sowie auch von allem andern, was noch am Körper ist, und nur das aufgreift, was den drei Dimensionen als solchen eigen ist, so kann die allgemeine Raumvorstellung keine bestimmten Dimensionen in sich fassen, sonst wäre sie die Vorstellung von diesem oder jenem Raum, aber nicht die Vorstellung vom Raum überhaupt.

Aus dem Gesagten ergibt sich auch mit Leichtigkeit, inwiefern der Raumbegriff objektiv real ist und inwieweit er lediglich als ein Produkt der Abstraktionskraft betrachtet werden muss. Da in der Körperwelt in der Tat sich das findet, was wir im Raumbegriff denken, nämlich dass die Körper sich gegenseitig einschließen, so kann es keinem Zweifel unterliegen, dass der Inhalt der Raumvorstellung objektiv in den Körpern verwirklicht ist. Weil aber die umschließenden Dimensionen in anderer Weise in unserm Denken und in anderer Weise in der Körperwelt existieren, so ist unser Raumgedanke nach der formalen Seite nicht verwirklicht, sondern ist nur etwas Logisches. Die Dimensionen des Raumbegriffes sind unbestimmt und abstrakt, in der Wirklichkeit sind die Dimensionen der Körper jedoch bestimmt und konkret; desgleichen löst der abstrahierende Verstand die einschließenden und umgebenden Dimensionen von den Substanzen ab, zu denen sie gehören, und bezieht sie auf den eingeschlossenen Körper, was objektiv selbstverständlich nicht der Fall ist, da diese Oberflächen mit ihren Körpern verbunden sind.[1] Auf solche Weise hat die alte Schule sowohl dem subjektiven, als objektiven Element des Raumes Rechnung getragen und Außenwelt und Innenwelt in wahrer Mitte ausgeglichen.

---

1 Quatenus hoc spatium apprehenditur per modum entis positivi distincti a corporibus, mihi videtur esse ens rationis, non tamen gratis fictum opere intellectus sicut entia impossibilia, sed sumpto fundamento ex ipsis corporibus, quatenus sua extensione apta sunt constituere spatia realia. Suarez, Disp. Met. 51. s. 1. n. 23.